Elisabeth Lukas
Vom Sinn des Augenblicks

**topos** taschenbücher, Band 851
Eine Produktion des Verlags Butzon & Bercker

Elisabeth Lukas

# Vom Sinn des Augenblicks

*Hinführung zu einem erfüllten Leben*

**topos** taschenbücher

**Verlagsgemeinschaft topos plus**
Butzon & Bercker, Kevelaer
Don Bosco, München
Echter, Würzburg
Lahn-Verlag, Kevelaer
Matthias Grünewald Verlag, Ostfildern
Paulusverlag, Freiburg (Schweiz)
Verlag Friedrich Pustet, Regensburg
Tyrolia, Innsbruck

**Eine Initiative der Verlagsgruppe engagement**

Bibliografische Information der Deutschen Nationalbibliothek
Die Deutsche Nationalbibliothek verzeichnet diese Publikation in der
Deutschen Nationalbibliografie; detaillierte bibliografische Daten
sind im Internet über http://dnb.d-nb.de abrufbar.

2014 Verlagsgemeinschaft **topos** plus, Kevelaer
Genehmigte Lizenzausgabe für Verlag Butzon & Bercker, Kevelaer
Copyright © 2002 by Kösel-Verlag in der Verlagsgruppe
Random House GmbH, München

Einband- und Reihengestaltung | Finken & Bumiller, Stuttgart
Satz | SATZstudio Josef Pieper, Bedburg-Hau
Herstellung | Friedrich Pustet, Regensburg
Printed in Germany

ISBN: 978-3-8367-0851-7
www.toposplus.de

# Inhalt

Die Logotherapie Viktor E. Frankls – ein Überblick ....... 7

Fünf heilbringende Gewohnheiten ...................... 17

Die Sonnenseiten des Lebens bejubeln .................. 34

Die Nachtseiten des Lebens durchstehen ................ 49

Wie man aus „Fallgruben" herauskommt ............... 61

Zwei Geschichten als Lehrmeister ...................... 75

Anmerkungen und Quellennachweise .................. 89

Die Autorin und ihr Werk ............................. 91

# Die Logotherapie Viktor E. Frankls – ein Überblick

*Viktor E. Frankl*, der Begründer der „Dritten Wiener Schule der Psychotherapie", der sogenannten *Logotherapie*, lebte von 1905 bis 1997 in Wien. Bereits in seiner Gymnasialzeit stand er mit dem Begründer der „Ersten Wiener Schule der Psychotherapie", *Sigmund Freud*, in engem Kontakt. Doch erweckte dessen psychoanalytische Denkweise seine Kritik: Sie war ihm zu einseitig, festlegend und nihilistisch. Frankls Auffassung zufolge lassen sich vor allem spezifisch humane Phänomene wie Liebe, Glaube, Ethik, künstlerisches oder wissenschaftliches Interesse nicht auf der Triebebene erklären, ohne sie misszuverstehen.

Deshalb schloss sich *Frankl* alsbald dem Begründer der „Zweiten Wiener Schule der Psychotherapie", *Alfred Adler*, an und beschäftigte sich während seines Medizinstudiums intensiv mit dessen Individualpsychologie. Hier fand er zwar eine Ergänzung des reinen Kausalitätsdenkens – woher seelische Krankheiten kommen? – um den Aspekt der Finalität – worauf seelische Krankheiten abzielen? –, aber er vermisste immer noch eine dem Menschen angemessene Motivationslehre.

Erst eigene Kontrolluntersuchungen an seelisch gesunden Menschen bestätigten ihm, was er längst intuitiv erfasst hatte, nämlich des Menschen urgründliches Ausgerichtet- und Hingeordnetsein auf Sinn. Glückendes menschliches Leben findet weder im Horizont ungehindert lustvoller Triebbefriedigung noch im Horizont machtstrotzend sozialer Positionen statt. Es bedeutet viel eher ein Leben, erfüllt von sinnvollen Aufgaben, die innerlich bejaht werden und an die man sich freiwillig und freudig hingibt.

*„Während die Lust eine Nebenwirkung der Sinnerfüllung ist, ist die Macht insofern ein Mittel zum Zweck, als die Sinnerfüllung an gewisse gesellschaftliche und wirtschaftliche Voraussetzungen ge-*

*bunden ist. Wann aber ist der Mensch auf die bloße Nebenwirkung ‚Lust' bedacht, und wann beschränkt er sich auf das bloße Mittel zum Zweck, ‚Macht' genannt? Nun, zur Ausbildung des Willens zur Lust bzw. des Willens zur Macht kommt es jeweils erst dann, wenn der Wille zum Sinn frustriert wird, mit anderen Worten, das Lustprinzip ist nicht weniger als das Geltungsstreben eine neurotische Motivation. Und so lässt sich denn auch verstehen, dass Freud und Adler, die ihre Befunde doch an Neurotikern erhoben hatten, die primäre Sinnorientierung des Menschen verkennen mussten."*[1]

In den 30er-Jahren des vorigen Jahrhunderts entwickelte *Frankl* auf der Basis seiner neuen Erkenntnisse seine sinnzentrierte Psychotherapieform. Sie konnte, um nur ein Beispiel herauszugreifen, enorme Erfolge bei der Bekämpfung der damals verbreiteten „Arbeitslosigkeitsneurose" verbuchen, die sich in Massendepressionen und vielfachen Verzweiflungstaten äußerte. Natürlich war es ihm als Psychiater und Neurologen nicht möglich, davon betroffenen Patienten Arbeit zu verschaffen. Doch gelang es ihm oft, ihnen aufzuzeigen, dass sie sich auf irgendeine Weise sinnvoll engagieren konnten, ehrenamtlich oder karitativ, und dass ihr Wert und ihre Würde als Person an keinerlei äußere Bedingung geknüpft waren, sondern sich darin kundtaten, mit welcher inneren Haltung sie sich auf ihre Bedingungen einstellten. Das Bild vom „unbedingten Menschen"[2] entstand.

Während des Zweiten Weltkriegs wurde *Frankl* in die Zwangslage versetzt, dieses Bild selbst zu leben. Er verbrachte drei Jahre in vier Konzentrationslagern und verlor seine gesamte Familie. Es war zugleich der Prüfstein seiner jungen Lehre, denn auch in dieser Zeit, die kaum lustvoll war und in der er nicht gerade eine Machtposition innehatte, zweifelte er niemals am Sinn seines Lebens und der Möglichkeit, diesen konkret und augenblicksbezogen zu verwirklichen; was ihm alle Torturen überstehen half. Jahrzehnte später wurde in amerikanischen Studien an Vietnamkriegsveteranen nachgewiesen, dass der „Wille zum Sinn" *(Frankl)* tatsächlich ein „survival value", eine

Überlebensquelle ist, weil geheimnisvolle Energien im Menschen freigesetzt werden, sobald und solange um ein Wozu gewusst wird.

Derartige Kräfte nicht nur zum Überleben, sondern allgemein zur Gesundung und zur Überwindung von seelischen Barrieren nutzbar zu machen, ist das zentrale Anliegen der Logotherapie bis zum heutigen Tag geblieben.

Wie sieht der *Frankl'sche* Gedankenansatz in der Praxis aus?

Man könnte sagen: Er bleibt dicht am Kern des menschlichen Wesens dran. Da ist ein Wesen, das nach Sinn und Letztsinn forscht, das permanent über sich hinausspürt und hinausfragt, das mitunter echter, selbstvergessener Liebe fähig ist. Ein wunderbares Wesen, allerdings mit chronisch-neurotischer Schieflage. Diese – wie etwa das von *Freud* und *Adler* beobachtete Lust- und Geltungsstreben – entstammt stets einer egozentrischen Motivation. „In der neurotischen Existenz rächt sich an ihr selber die Defizienz ihrer Transzendenz", formulierte *Frankl*[3] sehr weise.

Die „Rache" der Egozentrik besteht nun darin, dass sie unausweichlich Angst erzeugt, nämlich Angst um das eigene Ich, das eben zu wenig Lust und Anerkennung ernten könnte, das versagen und sich blamieren könnte, das irgendwie beschädigt und verletzt werden könnte oder das Zuwendung und Geborgenheit einbüßen könnte. Sämtliche angstneurotischen Entgleisungen, zwangsneurotischen Rückversicherungsmechanismen, hysterischen Erpressungsmanöver, sexualneurotischen Verkrampfungen und psychosomatischen Störungen offenbaren beim näheren Hinsehen massive Ängste des Kranken vor sich und um sich selbst, in denen er sich verfangen hat und auf die er – je nach Naturell – regressiv, aggressiv, depressiv oder demonstrativ reagiert.

Eine logotherapeutische Behandlung strebt infolgedessen die Wiederherstellung der „Transzendenz der Existenz" mittels gezielter Stärkung des Willens zum Sinn an. Dazu wird gemeinsam mit dem Kranken nach zweierlei Ausschau gehalten:

1. *nach seinen körperlich-seelischen Talenten und Gaben (= seinen Verwirklichungsfähigkeiten) und*
2. *nach verwirklichungswürdigen Aufgaben in seinem Umfeld, die exakt solche Talente und Gaben erfordern würden und daher zu den „genuin seinen" zählen könnten.*

Das gemeinsame Ausschauhalten lenkt die Aufmerksamkeit des Kranken bei Punkt 1 auf vorhandene Potenzen und Ressourcen in seiner gegenwärtigen Verfasstheit, die (vielleicht brach, aber dennoch) zur Aktivierung bereitliegen. Bei Punkt 2 geht es um Aspekte einer besseren gesamtmenschlichen Zukunft, die auf die Wirkungsbereitschaft einzelner Personen angewiesen ist. Diese Kombination erzeugt eine gesunde Spannung bis hin zum Erlebnis persönlichen Angefordert- und Gemeintseins. *Frankl* sprach vom „Sinnanruf der Situation", der an jeden (auch an jeden Kranken) ergeht und der, wenn ihm Folge geleistet wird, jeden (auch jeden Kranken) über sich selbst und seine neurotischen Ängste hinauswachsen lässt.

Man beachte: In der erwähnten Konstellation ist das Folgeleisten wegen Punkt 1 immer *machbar* – liegt also jenseits der typisch neurotischen Ausrede „Das kann ich nicht!" – und wegen Punkt 2 immer *in einem übergeordneten Interesse* –, löst also den Kranken aus der egozentrisch-angstproduzierenden Umklammerung eines „Was bringt's mir?", wodurch er sanft an die Schwelle seiner eigenen Freiheit und Verantwortung herangeführt wird. Sich seiner Freiheit und Verantwortung bewusst zu sein, ist jedoch beinahe schon synonym mit: nicht mehr seelisch krank zu sein.

BEISPIEL

Auf der Kissinger Psychotherapiewoche 1991 ist folgendes Gesprächsfragment aus einer psychotherapeutischen Sitzung als vorbildhaft dargestellt worden:

*Klient:* „Ich möchte meine Studienrichtung wechseln."
*Berater:* „Gibt es dabei Probleme?"
*Klient:* „Mein größtes Problem besteht darin, mein Vorhaben meinem Vater mitzuteilen."
*Berater:* „Haben Sie das bereits versucht?"
*Klient:* „Ich wollte es und bin mit äußerst gemischten Gefühlen zu meinem Vater gegangen. Doch als ich begann, ihm meine Absicht zu erläutern, hat er überhaupt nicht zugehört und sofort losgepoltert, dass er Studienabbrecher prinzipiell verachte etc. Daraufhin bin ich wortlos aus dem Zimmer gerannt."
*Berater:* „Sie hielten einen weiteren Dialog mit Ihrem Vater für überflüssig und haben sich in ohnmächtiger Wut zurückgezogen?"
*Klient:* „Ja, stimmt genau!"

Der obige Gesprächsverlauf ist als erfolgreich deklariert worden, weil sich der Klient vom Berater offenbar gut verstanden gefühlt hat. Es fragt sich bloß, ob dem Klienten mit der Empathie eines Außenstehenden tatsächlich nachhaltig geholfen war. Im Rahmen einer logotherapeutischen Krisenintervention wäre im Unterschied dazu der reichlich suggestive Kommentar: „Sie hielten einen weiteren Dialog mit Ihrem Vater für überflüssig und haben sich in ohnmächtiger Wut zurückgezogen" unterblieben. Stattdessen wäre ungefähr so fortgesetzt worden:

*Berater:* „Sagen Sie, was spricht eigentlich für einen Studienwechsel?"

Dadurch hätte sich das Gespräch bald nicht mehr um das getrübte Vater-Sohn-Verhältnis, sondern um ein Abwägen der Sinnhaftigkeit des geplanten Studienwechsels gedreht. Der Klient hätte alle Argumente aufzählen können, die ihm einen Studienwechsel begehrlich erscheinen ließen, und der Berater hätte sie vorurteilslos mit ihm durchdiskutiert. Geendet hätte das Gespräch im günstigeren Falle mit der Empfehlung:

*Berater:* „Ich sehe, vieles spricht bei Ihnen für einen Studienwechsel. Deshalb sollten Sie ihn unbeirrt wagen, auch wenn Ihnen der eine oder andere Stolperstein in den Weg gelegt wird. Lassen Sie sich durch nichts irritieren. Informieren Sie Ihren Vater – ggf. schriftlich – über die neue Entwicklung, seien Sie höflich, bitten Sie um sein Verständnis und stürzen Sie sich mit Elan in das Fach Ihrer Zuneigung."

Der Klient wäre also nicht mit seiner ohnmächtigen Wut auf den Vater, sondern mit dem Schwung seiner Begeisterung für das Alternativstudium konfrontiert worden. Es hätte ihn die Annahme gestärkt, dass er genügend Kraft in sich trage, um notfalls über den Widerstand von zehn „Gegnern" hinwegzukommen, wenn er nur überzeugt ist vom Sinn dessen, worauf er sich zubewegt. Dies hätte – als Nebeneffekt – vielleicht sogar den abweisenden Vater allmählich überzeugt, dass sein Sohn eine vernünftige Entscheidung traf. Denn so wie die Wut „ansteckend" ist, ist es auch die Überzeugung.

Im ungünstigeren Falle aber hätte der Berater seinen Klienten unter Umständen vor einer Dummheit bewahren können, die dieser, vom Vater-Konflikt geblendet, nicht zu überblicken vermochte. Was vielleicht – ebenfalls als Nebeneffekt – des Vaters Überreaktion (bei aller Formverletzung) rückblickend in ein milderes Licht getaucht hätte.

Demgemäß wird ein Gesprächsverlauf aus logotherapeutischer Sicht nicht dann als erfolgreich bewertet, wenn sich der Klient von seinem Berater verstanden fühlt, sondern erst, wenn der Klient selbst verstanden hat, was auf seinem Lebensweg wert ist, auf Rückzüge zu verzichten und tapfer auszuschreiten, und was nicht. Freilich hat nicht der Berater dabei über Wert oder Unwert von Klientenvorhaben zu bestimmen, sondern Wert oder Unwert wohnen jedem menschlichen Vorhaben inne und können also auch im Beratungsgespräch thematisiert werden.

*Reinhard Tausch*, einer der bekanntesten deutschen Vertreter der Gesprächspsychotherapie, hat die Richtigkeit des *Frankl'schen*

Ansatzes ausdrücklich unterstrichen. Er wies in Übereinstimmung mit dem Verhaltenstherapeuten *Richard Lazarus* darauf hin, dass menschliche Gefühle die Konsequenz (der „Nebeneffekt") gedanklicher Bewertungen und Einschätzungen sind und sich parallel zu Neu- und Umbewertungen positiv oder negativ verändern. Daraus zog er den Schluss, dass ein schwergewichtiges Eingehen auf die zuständlichen Gefühle von Klienten bedenklich ist und deren Zustände kaum bessert, was der japanische Wissenschaftler *E. Murase* später experimentell nachgewiesen hat.

*„Wenn sich die Kognition der eigenen Person ändert, so ändern sich unmittelbar Gefühle und das Verhalten. Diese Hypothese hat inzwischen mannigfache Bestätigung aus anderen Bereichen der Psychologie erfahren. Jedoch scheint es vorteilhaft, nicht nur auf die Selbstkognition des Klienten einzugehen, sondern auch auf die Kognitionen von wichtigen Personen und Ereignissen der Umwelt, die für das Selbst bedeutsam sind. Eine Neubewertung von Personen und Ereignissen der Umwelt führt häufig wiederum zur Rückwirkung auf das Selbst."*[4]

*Tausch* blieb in seinen Überlegungen bei Inhalten stehen, die für das Selbst subjektiv bedeutsam sind. *Frankl* drang demgegenüber zur Schau von transsubjektiven Sinngehalten vor, die in der Welt draußen ihrer Erfüllung durch uns Menschen harren, und zwar um ihrer selbst willen. Was beim Genesungsprozess eines Klienten zum Tragen gelangt, ist folglich das Bewusstsein, dass (jederzeit und immer neu) Wichtiges und Wertvolles auf ihn wartet, auf ihn einmalige, unverwechselbare Person, und dass niemand dieses an seiner Stelle verwirklichen kann. Oder anders ausgedrückt: dass er nicht umsonst, sondern auf etwas hin – existiert.

Das Leitmotiv des Auf-etwas-hin-Existierens durchtönt auch die drei großen Methodengruppen der Logotherapie: die „Paradoxe Intention", die „Dereflexion" und die „Einstellungsmodulation".

Es handelt sich bei ihnen um bewährte Taktiken, Probleme entweder durch

1. IRONISIEREN
   (humorvoll gesundes Trotzen)
   oder durch
2. IGNORIEREN
   (Vermeiden gefährlicher Hineinsteigerung)
   oder durch
3. INTEGRIEREN
   (Aussöhnung mit Unabänderlichem)

zu bewältigen, je nach Symptomatik und Indikation.

Zur Kurzerklärung sei das Problem des „polternden Vaters" aus dem genannten Gesprächsfragment noch einmal aufgegriffen und mit den drei logotherapeutischen Methodengruppen in Verbindung gebracht:

## Die Methode der Paradoxen Intention

Der Klient könnte geschult werden, innere Distanz zu seinen infantilen Ängsten vor dem Vater zu gewinnen, indem er – statt wie bisher vor den Wutausbrüchen des Vaters zu zittern – dessen Wut (paradoxerweise) herbeiwünscht bzw. dem Vater freundlichst zugesteht. „Liebes Väterchen", könnte er sich beim nächsten Besuch denken, „es sei dir jetzt großzügig erlaubt zu explodieren. Lass nur ein gehöriges Blitz- und Donnerwetter auf mich los! Ach, das bisschen Knurren ist noch viel zu wenig! Sei nicht zimperlich, spuck deinen Ärger aus, streng dich an, dreh ruhig volle Lautstärke auf! Eine so herrliche Gelegenheit wie heute, dich aufzuregen, kriegst du nicht alle Tage serviert …"

Begegnet der Klient solch heiteren Gedankenspiels seinem Vater, wird er mit größter Wahrscheinlichkeit nicht wortlos aus dem Zimmer rennen, sondern innerlich schmunzelnd und äußerlich souverän vorbringen, was er zu sagen hat. Dies könnte mit ähnlich guten Chancen den Vater bremsen, wenn nicht gar besänftigen, wodurch beiden ein friedlicher Umgang miteinander eröffnet würde.

## Die Methode der Dereflexion

Der Klient könnte ferner angeleitet werden, das Verhalten seines Vaters zunehmend weniger und das eigene Verhalten zunehmend mehr zu beachten bzw. Letzteres von Ersterem unabhängiger zu machen. „Was der Vater tut, muss er allein verantworten", könnte zu seiner Devise werden, „und wenn der Vater bei jedem geringsten Anlass losbrüllt, ist er wahrlich zu bedauern. *Ich* aber bin nicht *er* und will in dieser Hinsicht auch nicht in seine Fußstapfen treten. Wie *ich* mich verhalte, ist meine Wahl und meine Entscheidung." Eine solche innere Wappnung gegen väterliche „Standpauken" würde es dem Klienten erleichtern, statt mit unproduktiver Flucht mit Gelassenheit und Reife zu reagieren und dadurch dem Vater (und sich selbst) konfliktentschärfend zu imponieren.

## Die Methode der Einstellungsmodulation

Der Klient könnte schließlich motiviert werden, seine generelle Einstellung zum Vater zu überprüfen und notfalls zu korrigieren. Denn obwohl laut Gesprächsfragment Aggressiv-Dominantes vom Vater ausströmt, ist doch zu vermuten, dass dieser seinem Sohn manche Liebe und Fürsorge gewidmet hat und dass der Sohn selbst auch nicht unentwegt ein „Engel" gewesen ist. „Mein Vater hat mir das Leben geschenkt. Er hat mich aufgezogen und mir eine ordentliche Schulbildung verschafft. Dafür bin ich ihm dankbar. Dass er ein cholerisches Temperament hat und schnell aufbraust, will ich ihm verzeihen. Niemand ist ohne Schwäche ..." – würde sich der Sohn eine derartige Einstellung aneignen, würde sich seine „ohnmächtige Wut" in der aufkeimenden Güte seines Herzens verflüchtigen.

## ZUSAMMENFASSEND IST FESTZUHALTEN:

Humor, autonomes Handeln und Güte im Herzen sind ein fruchtbares Dreigespann, um Neurosen aller Art zu bekämpfen und das Leben zu meistern. Zweifellos besitzt *Frankls* Lehre mit ihrem Therapieangebot eine gewisse Nähe zur Ethik, auch wenn sie sich jeglichen Moralisierens enthält. Sie ist sozusagen in den Höhen zwischen Philosophie und Medizin angesiedelt und vom „KZ-Feuer-geschmiedeten Credo" durchklungen, dass selbst katastrophale Schicksale und schmerzliche Grenzerfahrungen noch irgendwie sinnvoll beantwortbar sind.

*„Der Sinn des Lebens, haben wir gesagt, sei nicht zu erfragen, sondern zu beantworten, indem wir das Leben verantworten. Daraus ergibt sich aber, dass die Antwort jeweils nicht in Worten, sondern in der Tat, durch ein Tun zu geben ist. Auch das Leben fragt uns nicht in Worten, sondern in Form von Tatsachen, vor die wir gestellt werden, und wir antworten ihm auch nicht in Worten, sondern in Form von Taten, die wir setzen; insofern wir auf die Tatsachen erst zu antworten haben, stehen wir vor unvollendeten Tatsachen."*[5]

Die Tatsachen des Lebens zu einer würdigen Vollendung zu bringen, indem bestmögliche Antworten darauf gefunden und gegeben werden, dazu will die Logotherapie ihren Patienten und Klienten verhelfen.
    Die vorliegende Zusammenschau sinnvoller Lebensfacetten ist von demselben Willen beseelt.

# Fünf heilbringende Gewohnheiten

In den 1990er-Jahren haben zwei umfangreiche psychologische Studien Aufsehen erregt. Die eine stammte von *Stephan R. Covey*, der die erfolgreichsten Persönlichkeiten Amerikas auf gemeinsame Gewohnheiten hin untersucht und aus Tausenden gesammelter Daten „Kriterien der Tüchtigkeit" entwickelt hat.[6] Die andere stammte von *Leonard A. Sagan*, der langlebige Personen verschiedenster Volksgruppen auf gemeinsame Lebensstile hin untersucht und Merkmale herausgefiltert hat, die für Menschen mit hoher Lebenserwartung charakteristisch sind.[7]

| „HEILBRINGENDE GEWOHNHEIT" | IM BLICK |
|---|---|
| 1. Selbstverantwortlich entscheiden, spüren, es kommt auf einen selbst an, wissen, man kann sich jederzeit ändern und jede Situation mitgestalten, verbessern oder akzeptieren. | DAS EIGENE |
| 2. Selbstüberschreitend denken, sich im Interesse der Welt manches abfordern, aber auch im Interesse eines solchen Dienstes an der Welt auf sich selbst achten. | DAS FREMDE |
| 3. Proaktiv (statt reaktiv), zukunftsorientiert und gewissensgeleitet handeln, stets beginnen mit „dem Ende im Visier" und gelassen-konsequent darauf zugehen. | DAS KOMMENDE |
| 4. Grundvertrauen pflegen und erhalten, in herzliche und dauerhafte Bindungen einbringen; aber genauso an einsamen, schweren Tagen unhinterfragt in sich wirken lassen. | DAS ÜBERGEORDNETE |
| 5. Bewusstseinshorizont erweitern in der rationalen wie mystischen Suche nach Sinn, Erkenntnis und Information; geistig, seelisch und körperlich beweglich bleiben. | DAS ZUSAMMENHÄNGENDE |

Obwohl die erste Studie eher Psychosoziales und die zweite eher Psychosomatisches zum Gegenstand hatte und beide Studien getrennt voneinander durchgeführt worden waren, kam es zu erstaunlichen Deckungsgleichheiten bei den Ergebnissen. Noch erstaunlicher aber war, dass diese deckungsgleichen Ergebnisse exakt dem entsprachen, was im logotherapeutischen Schrifttum unter dem Stichwort „heilbringend" längst beschrieben vorlag.

Betrachten wir vor diesem Hintergrund die Ergebnisse aus den beiden Studien, wie sie auf S. 17 in der tabellarischen Aufstellung der fünf wichtigsten „heilbringenden Gewohnheiten" besonders tüchtiger und langlebiger Personen skizziert sind.

Einige Erklärungen sollen die aufgezählten Gewohnheiten näher umreißen.

## 1. Selbstverantwortlich entscheiden – im Blick: das Eigene

Niemand hat ununterbrochen Kontrolle über sich, auch nicht im bewussten Leben. Jeder gerät zeitweise „außer sich", vor allem unter extremen Druck- und Stressbedingungen. Ferner gibt es neuronale und hirnorganische Schäden, aufgrund derer ein Mensch nicht (mehr) „bei sich" ist und jegliche Selbstregulierungskraft verliert. Das sind jedoch Ausnahmezustände, nicht die Regel. Trotzdem hält sich eine Mehrheit von erwachsenen Personen *in der Regel* für kontrolliert statt für kontrollierend, fühlt sich getrieben, gesteuert, verkorkst, hilflos und ausgeliefert. Für gewöhnlich wird ihnen ein niedriges Selbstbewusstsein bzw. ein Minderwertigkeitskomplex *(Adler)* zugesprochen. Nur fragt sich, ob diese Personen nicht einfach einer falschen Idee huldigen. Der Idee nämlich, sie seien im Prinzip hochkomplexe vorprogrammierte Bio-Roboter, die auf jener Lebensbahn dahintrudeln, die ihnen Gene, Eltern und Gesellschaft von klein auf zugewiesen haben. In Wirklichkeit sind sie Kinder der Freiheit! Sie sind zwar nicht frei von diversen Vorprogrammierungen, aber frei, im Gewühl der kreuz und quer schießenden Einflüsse und Einflüsterungen von innen und von außen Ordnung zu stiften, indem sie sie Stück für Stück annehmen oder verwerfen. Darauf kommt es an: auf das Ja oder Nein der Person, auf ihr „letztes Wörtchen", das sie im Zuge ihrer geistigen Entwicklung stets mitreden darf. Menschsein ist von der Pike auf „entscheidendes Sein", wie es *Karl Jaspers* einmal genannt hat.

Freilich soll nicht geleugnet werden, dass ein hartnäckig verteidigtes Kontrolliertwerden seine banalen Vorteile hat. Man ist an nichts schuld, man hat nichts zu verantworten, man muss sich zu nichts aufraffen und braucht zu nichts zu stehen. Vorteile, die leider in Nachteile umschlagen ...

BEISPIEL

Nehmen wir an, ein Mann erbt einen kleinen Lebensmittelladen, der nicht floriert. Er bezieht eine der nachstehenden Positionen:
- *„Wann hat das Schicksal mir schon jemals etwas Gutes beschert? Ich bin ein notorischer Pechvogel!"*
- *„Mein Vater hat seine Geschäfte mit eiserner Hand getätigt und mir niemals beigebracht, wie man das macht. Deswegen bin ich heute dazu nicht in der Lage."*
- *„Wenn ich Zeit und Geld in den Laden investieren würde, würde ich bloß die Konkurrenz um die Ecke anstacheln, die mir ohnehin schon das Leben sauer genug macht!"*
- *„Mein Steuerberater hat mir geraten, das Geschäft zu übernehmen, und jetzt zeigt sich, was sein Rat taugt. Da bin ich ordentlich reingefallen!"*
- *„Ich weiß nicht mehr weiter und möchte am liebsten alles hinschmeißen. In diesem verdammten Wirtschaftssystem hat man keine Chance!"*

Egal, welche der obigen Positionen der Mann auswählen mag, es ist – ganz im Sinne der beiden wissenschaftlichen Studien von *Covey* und *Sagan* – zu befürchten, dass der ererbte Laden entweder rasch Pleite machen oder seinen Besitzer allmählich ins Grab bringen wird. Das liegt nicht am Laden. Auch nicht am Schicksal, am Vater, an der Konkurrenz, am Steuerberater oder am Wirtschaftssystem. Es liegt an dem Mann, der nicht „das Seine" im Blick hat: sein eigenes Zutun im Rahmen seiner Möglichkeiten, seine eigenen Entscheidungen in Richtung verantwortbarer Geschäftsführung oder Geschäftsschließung (je nachdem), einem Mann, der sich wegen des Dahinwelkens seines Erbes massiv und intensiv rechtfertigt, während sein Erbe weiterhin ungehindert dahinwelkt. Ähnlich gehen viele Menschen mit ihrer Art von „Erbe" um: mit ihren Talenten, Fähigkeiten, Kenntnissen und Existenzgrundlagen. Symbolisch ausgedrückt, deklarieren sie sämtliche Fensterscheiben ringsum für gesplittert und haben eigentlich nur einen Sprung in ihrer Brille: ihr roboterhaftes Menschen- und Selbstbild. Warum kleben sie daran fest? Mehr als eine Vermutung habe ich nicht anzubieten. Doch dünkt mich nach jahrzehntelanger psychotherapeutischer Erfahrung, dass es an ihrer geringen Vergebungsbereitschaft haken könnte. Spätestens seit den brisanten Forschungen von *Tausch*[8] an der Universität Hamburg wissen wir, dass der Prozess des *Vergebens* die Motivation zur eigenen Verhaltensänderung enorm fördert. Deshalb könnte es schlichtweg alter Groll sein (Groll gegen wen auch immer, begründet oder nicht), der selbstverantwortliches Handeln blockiert, weil ein anderer oder anderes eben im Groll verantwortlich gemacht wird für die eigene Misere.

Wenn dies stimmt, könnte umgekehrterweise der Gnadenakt des Vergebens selbstverantwortliches Handeln wieder entblockieren, weil er etwaiges Fremdverschulden *aus* dem Blick und die Ressourcen des eigenen „Erbes" endlich *in* den Blick gleiten lässt. Ein Gedanke zum Nachsinnen …

**W**ogen und Wind –
Gottes sind.
Segel aber
und Steuer,
dass ihr
den Hafen
gewinnt,
sind euer!

*Quelle unbekannt*

## 2. Selbstüberschreitend denken – im Blick: das Fremde

Wir sprachen vom (Eigeninitiativen ankurbelnden) Abziehen der Aufmerksamkeit vom fremden Verschulden. Damit ist nicht gemeint, dass das Fremde insgesamt aus unserem Interessensradius hinausfallen sollte, im Gegenteil. Das Fremde, definiert als „dasjenige, was nicht wieder nur wir selber sind" *(Frankl)*, ist die Fülle der Welt, auf die unser menschliches Dasein angelegt ist wie das Auge auf die Fülle des Lichts. Angelegt, nicht im konsumatorisch-beherrschenden Sinne, sondern im liebevollen Hinauslangen über sich selbst und Hineinspüren in andersartiges Sein und dessen Bedürftigkeit.

BEISPIEL

Hier ein kurzer, doch viel sagender Wortwechsel zwischen einer Frau und ihrer Nachbarin:

*Frau:* „*Mein Mann und ich erwägen, eine Mutter mit Kind aus dem Unruhegebiet Tschetschenien bei uns zu Hause aufzunehmen.*"

*Nachbarin: „Ja und was hätten Sie davon?"*
*Frau: „Wir denken, die Mutter und das Kind hätten etwas davon ..."*

Im Wortwechsel argumentiert die Frau – im Unterschied zu ihrer Nachbarin – „selbstüberschreitend". Sie nimmt zwei Fremde wahr, die Hilfe brauchen, und möchte ihnen (um des Wertes von Mutter und Kind willen) diese Hilfe spenden. Ihre Aufmerksamkeit gilt fremden *Werten* und nicht fremdem Verschulden.

Dazu schrieb *Sagan*, der die gemeinsamen Merkmale langlebiger Personen untersucht hat:

*„Gesunde Menschen sind trotz ihrer hohen Selbstachtung nicht übermäßig nachsichtig gegen sich selbst, und nicht nur mit der eigenen Person oder dem eigenen Wohlergehen beschäftigt. Vielmehr setzen sie sich Ziele, die über ihr persönliches Wohl hinausgehen. Die Ziele können weit gesteckt oder ganz bescheiden sein, entscheidend ist jedoch, dass sie ihrer Natur nach nicht egoistisch sind, sondern anderen nützen. Gesunde Menschen sind mitfühlend und haben einen ausgeprägten Gemeinsinn."*

Und *Covey*, der die Gewohnheiten erfolgreicher Persönlichkeiten unter die Lupe genommen hat, fügte der Beschreibung hinzu:

*„Erfolgreiche Menschen versuchen erst zu verstehen und dann, verstanden zu werden."*

Vielleicht kommt das Verstehen sogar noch vor dem Zielesetzen, nämlich das Verstehen der Dinge und Wesen, wie sie in sich selbst beruhen. Das Erahnen ihrer Einzigartigkeit, das Erschauen ihres Wertbildes. Solches Innewerden fremder Werte bewirkt dreierlei in uns:

1. *Es weckt unseren Willen, ihnen zu dienen; an ihrer Erhaltung und Erfüllung zu arbeiten; uns liebevoll an sie hinzugeben.*

*Hingabe aber macht schöpferisch wie kaum ein anderer Motivator, weder Angst noch Zwang, sie ist fast „stärker als der Tod".*

So ist die Frau, die sich vom tragischen Schicksal der tschetschenischen Flüchtlinge betroffen fühlt, nicht nur bereit, sondern aus vollem Herzen willig, die Not zu lindern, wenigstens in Bezug auf zwei geplagte Menschenkinder, auch wenn es sie selbst persönliche Opfer kostet.

*2. Die Werteschau verdeutlicht uns die Wichtigkeit, keinen Raubbau mit uns selbst zu treiben und uns vor Erschöpfung und Auslaugung zu schützen. Denn erschlaffende Kräfte nützen fremden Werten und Wesen nichts. Dieses Faktum dirigiert uns in Richtung eines vernünftigen Lebensstils.*

Daher muss die Frau, die ihr Haus für Flüchtlinge öffnet, darüber wachen, sich nicht zu übernehmen. Sie will ja ihre eigene Familie nicht an den Rand des Abgrundes bringen. Sie teilt, was sie besitzt, doch sie wird nicht zum Sozialfall, der am Ende anderen zur Last fällt.

*3. Die Werteschau erzeugt eine Freiheit vom vermeintlichen Haben-Müssen. Wir können uns schlicht und einfach daran erfreuen, dass jene fremden Werte existieren. Nicht-haben-Müssen aber entkrampft gewaltig, es ist das „psychische Krampflösungsmittel" schlechthin.*

Die Frau, die einer fremden Mutter mit Kind in der Not Obdach gewährt, ist nicht auf Ersatzbefriedigung aus, etwa weil sie keine eigenen Nachkommen hätte etc. Sie kann ihre „Gäste" frohen Gemütes wieder verabschieden, wenn diese eines Tages in ihre Heimat zurückkehren wollen.

Wir sehen, schöpferische Hingabe, vernünftiger Lebensstil und die Freiheit vom Haben-Müssen sind die Kostbarkeiten, die dem Gewahrwerden fremder Werte im selbstüberschreitenden Denken entspringen. Viel mehr bedarf es zu einem glückenden Leben nicht!

Was auch an Liebe mir vom Vater ward,
ich hab's ihm nicht vergolten, denn ich habe
als Kind noch nicht gekannt den Wert der Gabe
und ward als Mann dem Manne gleich und hart.

Nun wächst ein Sohn mir auf, so heiß geliebt
wie keiner, dran ein Vaterherz gehangen,
und ich vergelte, was ich einst empfangen,
an dem, der mir's nicht gab – noch wiedergibt.

Denn wenn er Mann ist und wie Männer denkt,
wird er, wie ich, die eignen Wege gehen,
sehnsüchtig werde ich, doch neidlos sehen,
wenn er, was mir gebührt, dem Enkel schenkt. –

Weithin im Saal der Zeiten sieht mein Blick
dem Spiel des Lebens zu, gefasst und heiter,
den goldnen Ball wirft jeder lächelnd weiter,
– und keiner gab den goldnen Ball zurück!

*Börries Freiherr von Münchhausen*

## 3. Proaktiv handeln – im Blick: das Kommende

Ein philosophisches Paradoxon lautet: Man kann nicht einen anderen Menschen betrügen, ohne gleichzeitig ein Betrüger zu sein ... aber man kann von einem anderen Menschen betrogen werden und gleichzeitig anständig bleiben.

Es lohnt sich, diesem Paradoxon auf die Spur zu kommen.

Da steht auf der einen Seite *Unentrinnbares*: Ich bin, was ich tue. Wenn ich morde, bin ich ein Mörder. Wenn ich lehre, bin ich ein Lehrer. Wenn ich faulenze, bin ich ein Faulpelz. Wenn ich Schwieriges heldenhaft ertrage, bin ich ein Held und dergleichen Beispiele mehr. Meine Entscheidungen über mein Tun sind verbindliche Entscheidungen über meine Identität.

Demgegenüber steht auf der anderen Seite *Entrinnbares*: dasjenige, was mir angetan wird. Es kann unangenehm, schmerzlich, ja, vernichtend sein, und dennoch kann es meine Identität nicht wider mein Einverständnis verbiegen. Wenn man mich ermordet, bin ich deswegen kein Mörder. Wenn man mich belehrt, bin ich noch lange kein Gelehrter. Wenn man mir Faulheit vorexerziert, muss ich zu keinem Faulpelz werden; wenn man mir Heldentum nahelegt, muss kein Held aus mir werden. Das mir Angetane lässt mich Positives oder Negatives erfahren und erleben, aber wie ich auf Erfahrenes und Erlebtes reagiere, ist *meine Wahl* – und meine Wahl (nicht meine Erfahrung oder mein Erlebnis) *wird zu meiner Identität!*

Selten sind sich Menschen dessen klar bewusst. Sie reagieren, als müssten sie „wahllos" reagieren, entsprechend dem ihnen Angetanen ohne eigenen Entscheidungsvorgang. Werden sie gedemütigt, demütigen sie andere. Werden sie geschätzt, schätzen sie andere. Sie bilden das Echo des in den Wald Hineingerufenen. Dabei formt sich unentrinnbar ihre Identität ... nach jenen, die in den Wald hineingerufen haben! Nach jenen, die ihnen etwas angetan haben! Fremdbestimmt!

Einen echten Reifezuwachs stellt im Kontrast dazu das „proaktive Handeln" dar, bei dem selbstständig bestimmt wird, wie es aus dem Walde herausschallt. Unter den Gewohnheiten der erfolgreichsten Persönlichkeiten nach *Covey* belegt es Rang 1. „Proaktivität" orientiert sich an einer Vision, an dem, was zur Optimierung von Sachverhalten unternommen werden kann. Sie ist „Aktion", die nicht im „Re"(petieren von Gewesenem) stecken bleibt, sondern im „Pro"(gnostizieren von Zukünftigem) ihren Ausgangspunkt nimmt, im Intuieren dessen, was erreicht und geschaffen werden *soll*. Sind bei der Definition des *Solls* noch dazu die Antennen des Gewissens miteingeschaltet, ist dem Intuierten der Segen von „oben" gewiss.

## BEISPIEL

Lesen wir zur Abklärung der Frage der *Entrinnbarkeit* die Kurzfassung der Aussage eines 21-jährigen Mannes, der soeben aus dem Gefängnis entlassen worden ist:

*Er sei ein unerwünschtes Kind gewesen; seine Mutter hätte ihn am liebsten abtreiben lassen. Vom Vater, der alkoholabhängig und im Rausch gewalttätig sei, habe er als Kind oft Prügel bezogen. Wegen der vielen Streitereien zu Hause habe sich seine Mutter vom Vater getrennt und sei mit einem Liebhaber durchgebrannt, als er, der Sohn, 11 Jahre alt gewesen sei. Danach habe er nichts mehr für die Schule gelernt, weil sich niemand um seine Hausaufgaben gekümmert hätte. Mit 14 Jahren sei er mit Haschisch in Berührung gekommen, mit 16 Jahren habe man ihn zur Homosexualität verführt, mit 19 Jahren habe er unter Drogeneinfluss einen Radler angefahren, der an den Folgen des Unfalls gestorben ist. Er glaube, dass sein Leben keinen Sinn mehr habe und würde sich am liebsten eine letzte tödliche Dosis Rauschgift spritzen.*

Welch ein entsetzlicher Lebensweg! Entsetzlich vor allem deshalb, weil rundum *reaktiv*. Die letzte Spritze wäre geradezu die Krönung des reaktiven Handelns! Jedes „Getane" in diesem kurzen Leben ergibt sich folgerichtig aus dem vorher „Angetanen"; eines schlimmer als das andere. Trotzdem wäre Rettung möglich, und mehr noch: Erneuerung, Wiedergeburt! Der Rettungsring hieße „Proaktivität". Gelänge es, gemeinsam mit dem jungen Mann die Vision eines „Pros" zu entfalten, wofür es nötig und sinnvoll wäre, dass er aus sich heraus aktiv würde, könnte er der re-aktiv folgerichtigen letzten Spritze entrinnen.

Lassen wir nur eine von vielen möglichen Visionen in unserer Fantasie Gestalt annehmen:

*Der Mann ist 28 Jahre alt und engagierter Mitarbeiter des Kinderschutzbundes. Er besucht tagein, tagaus gefährdete Familien in seiner Mission, Kinder vor den Einflüssen von Alkohol, Gewalt und sexuellem Missbrauch zu schützen. Mit großer Überredungskunst und manchmal unter Androhung von behördlichen Sanktionen bemüht er sich, uneinsichtige und charakterschwache Eltern zur Verhaltensumkehr zu bewegen. Er hat zu diesem Zweck Schulen nachgeholt und Weiterbildungen absolviert, obwohl ihm das „Theorie-Büffeln" verflixt schwergefallen ist. Aber er glaubt, dass, falls er nur einem einzigen Kinde gravierendes Leid ersparen kann, sein Leben einen tiefen Sinn hat. „Glauben" ist eigentlich das falsche Wort. Nach aller Qual, die er selbst durchlitten hat, weiß er es. Seine bitteren Erfahrungen und Erlebnisse autorisieren ihn zu einem „Wissenden".*

Wie gesagt, wäre dies *seine* Vision, bräuchte er bloß noch mit ihr im Visier konsequent kleine Schritte zu gehen, und sein gesamter entsetzlicher Lebensweg von 21-jähriger Länge könnte die neue Identitätswerdung bei ihm nicht mehr verhindern!

> Den Glauben,
> dass uns kein Glück
> oder Unglück geschieht,
> dem wir nicht einen
> Sinn ins Wertvolle
> geben können,
> den habe ich heute wie
> immer und gebe ihn
> weder für mich noch für
> andere auf.
>
> *Hermann Hesse*[9]

## 4. Grundvertrauen pflegen – im Blick: das Übergeordnete

„Gesunde Menschen sind vertrauensvoll", schrieb der Wissenschaftler *Sagan* und betonte, die überragende Mehrheit unter den langlebigen Betern würde nicht erst in der Gefahr beten. Seine Statistiken belegen: Wen allein die Ohnmacht bewegt, sich in einer Aufwallung der Angst an eine höhere Macht zu wenden, der ist nicht wirklich geborgen, sondern greift nach „Strohhalmen", von deren Festigkeit er keineswegs überzeugt ist. Wahres Grundvertrauen hingegen schwingt durch alles hindurch, durch sämtliche Auf und Abs der Gezeiten. Es wohnt im Lachen und im Weinen, im Trubel und in der Stille und zieht nie aus der Seele aus, selbst wenn sein „Grund" und Adressat mitunter namenlos wird.

### BEISPIEL

Ein anschauliches Beispiel „namenlosen" Grundvertrauens ist mir einmal in Göteborg anlässlich mehrerer von mir gehaltenen Gastvorlesungen begegnet. Ein älterer deutschstämmiger Herr, der bei den Vorlesungen als mein Übersetzer fungierte, lud mich ein, einen Abend mit seiner Frau und ihm auf einer Insel vor Göteborg zu verbringen. Er holte mich mit dem Auto ab. Während der Fahrt erzählte er mir aus seiner dramatischen Lebensgeschichte.

Er war als blutjunger Fliegeroffizier im Zweiten Weltkrieg über russischem Gebiet abgestürzt, lange verwundet im Lazarett gelegen, dann in ein sibirisches Gefangenenlager verschleppt worden, dort unter unsäglichen Entbehrungen ausgebrochen und nach Hongkong geflohen, von wo er eine Schiffsüberfahrt nach Schweden bewerkstelligt hatte. Hier war er ansässig geworden und hatte sich mit Fleiß hochgearbeitet. „Ich bin ein Atheist", bemerkte er plötzlich wie in einem Nebensatz. „In Sibirien ist mir der Traum vom gütigen Gott abhandengekommen." Vom anstrengenden Vorlesungstag ermüdet, antwortete ich nichts darauf. Welches Recht hätte ich, die nie in einem sibirischen Gefangenenlager gewesen ist, auch gehabt, seine Äußerung zu kommentieren?

Schließlich erreichten wir über eine lange Meeresbrücke die Insel vor Göteborg, auf der mein Gastgeber ein Waldgrundstück mit einem hübschen schwedischen Blockhaus besaß. Wir betraten ein zauberhaftes Reich. Von der Eiszeit abgeschliffene runde Felsbrocken, mit Moos bewachsen, luden zum Sitzen unter dunklen Nadelgehölzen ein. Möwen zogen ihre Kreise über unseren Köpfen, und die Wellen sangen leise im Hintergrund. Anmutig schmiegte sich das Holz des niedrigen Blockhauses in die Landschaft, von einem Gürtel honiggelber Blüten umrankt.

Als wir im Haus waren, zündete mein Gastgeber ein Öllämpchen über dem Esstisch an; eine Geste, die seltsam feierlich wirkte. Ich verstand sie jedoch erst, als wir nach einem exzellenten Mahl und einer freundlichen Konversation gemeinsam mit seiner Frau zum Aufbruch rüsteten. Da stellten sich die beiden Eheleute mit mir um den Tisch, fassten einander und mich an den Händen, sagten „Danke" und löschten das Öllämpchen wieder aus. „Es ist ein Ritual", murmelte mein Gastgeber beim Hinausgehen, „das ich eingeführt habe. Wer die grauenhafte Kriegs- und Nachkriegszeit ausgekostet hat und am Ende einen so herrlichen Platz der Erde sein Eigen nennen darf wie ich, dessen Herz quillt vor Dankbarkeit über …"

Dieser feine alte Herr war tief religiös, er wusste es bloß nicht. Was ihm abhandengekommen war, war lediglich der Name des gütigen Gottes, zu dessen Ehre an jeder von ihm im Blockhaus verbrachten Stunde das Öllämpchen glühte. Sein Grundvertrauen hat Sibirien überlebt.

Die Geschichte zeigt ein Weiteres auf. Der schwedische Herr hat bei der Danksagung seine Frau und mich, eine Besucherin, *an der Hand gefasst* – Zeichen inniger sozialer Verbundenheit! Fährt er aber allein auf die Insel hinaus, genießt er sein zauberhaftes Reich genauso: Auch dann brennt das Öllämpchen, und auch dann formen seine Lippen ein „Danke", bevor er es auslöscht. Lernen wir daraus, dass vertrauensvolle Menschen nicht nur gesünder leben, sondern auch harmonischer mit ihren Mitmenschen zusammenleben, und dass sie Einsamkeit besser aushalten.

Es ist „bei Gott" kein schlechter Rat, das Grundvertrauen zu pflegen und zu erhalten. Logischerweise wird nicht für jedermann ein Öllämpchen das geeignete „Pflegemittel" sein, doch da der Mensch Symbole braucht, um Bindung und Rückbindung zu besiegeln, sollte sich jeder beizeiten *seine* Symbole suchen, über die er *seine* Gebete aussenden kann, mit oder ohne Namensadressat. Und nicht erst, wenn er am Durchdrehen ist ...

> einmal richtig verzweifeln,
> da betet man wieder.
>
> du betest sonst nicht?
> armer gott –
>
> irrtum:
> armer mensch.
>
> *Christoph Riedel*[10]

## 5. Bewusstseinshorizont erweitern – im Blick: das Zusammenhängende

Der mystische Weg soll den rationalen ergänzen, nicht ersetzen.

Zur „ratio" besteht heutzutage ein gespaltenes Verhältnis. Einerseits basiert jeglicher Fortschritt auf einem Informationsgewinn. Niemand zweifelt daran. Eltern drängen ihre Kinder zu qualifizierten Schulabschlüssen, Firmenvorstände verlassen sich auf die Berechnungen der Hochleistungscomputer, Politiker lassen Daten sammeln und spionieren internationale Datenbanken aus. Unsere Welt wird immer durchsichtiger und vernetzter.

Andererseits kriecht ein Erschrecken vor der nüchternen Rationalität hoch. Viele Leute sehnen sich nach Romantik, Ganzheitlichkeit, Natürlichkeit und Aussteige-Idyllen. Das Tempo des Fortschritts beurteilen sie als eher bedrohlich. Dass sich unsere „ratio" seit den Tagen der Steinzeit am stärksten entwickelt hat und trotzdem die Menschheit gegenwärtig in einem „Hexenkessel ohne Notausgang" sitzt, wie es ein bekannter Essayist der FAZ ausgedrückt hat, stimmt selbst naive Gemüter ernst.

Was da hilft, ist keine Verteufelung der „ratio", sondern eine „Paarung" von „ratio" und „sapientia cordis", also von Intelligenz und Herzensweisheit. Eine „Paarung", die, wenn sie zunehmend stattfände, uns die Überlegenheit des Humanen (und Humanitären) gegenüber den schnell denkenden und viel wissenden Computern neu erschließen würde, statt uns einer immer stärkeren Abhängigkeit von den Maschinen auszusetzen.

In dieser Perspektive kommt der Dimension menschlicher Sinnsuche besondere Bedeutung zu. Bewusste Sinnerkenntnis geht nämlich auf nichts weniger als auf exakt solch eine „Paarung" zurück. Sie benötigt einen hohen Reflexionsgrad bzw. eine Wachheit des Geistes, die durchaus reichhaltige Informationsaufnahme und -verarbeitung miteinbezieht. Je realitätsangepasster unsere konstruierten Weltsichten sind, desto weniger Irrtümer unterlaufen uns aus purer Dummheit. Parallel dazu aber benötigt die Sinnerkenntnis ein sicheres mystisch-sittliches Empfinden dessen, was über den verschiedenen Informationen und ihren Verwendungsmöglichkeiten blinkt: „grünes", „gelbes" oder „rotes" Licht. Schließlich darf nicht alles, was machbar ist, gemacht werden ...

Die Forscher *Covey* und *Sagan* haben mit ihren Querschnittuntersuchungen voll bestätigt, was der Psychiater *Frankl* ein halbes Jahrhundert zuvor schon behauptet hat: Wer sich um Sinnerkenntnis bemüht, indem er gleichermaßen seine „ratio" und seine „sapientia cordis" trainiert und beweglich hält – ähnlich wie ein Sportler seine Glieder trainiert und beweglich hält! –, schafft sich mit überdurchschnittlicher Häufigkeit Lebenssituationen, in denen alles prächtig gedeiht.

Freilich ist unser „Schaffen äußerer Umstände" begrenzt. Aber man soll seine Auswirkungen auf unser Wohlergehen auch nicht unterschätzen. Wer den verkehrten Beruf ausübt, sich in einem ungünstigen Wohnort ansiedelt, sich in schlechter Gesellschaft aufhält, sein Geld fehlinvestiert und in der Freizeit die Energien am falschen Platz vergeudet, wird sich seelisch nicht stabilisieren, und bekäme er noch so guten therapeutischen Beistand. Die belastenden äußeren Misslichkeiten würden sein Wohlergehen ständig untergraben. Wer stattdessen „klug und weise" handelt, was ständige Fortbildung in „Kopf und Herz" verlangt, wird seine Umstände durch besonnene Taten positiv entlastend beeinflussen; was es ihm wiederum erleichtert, das Beste aus sich selbst herauszuholen.

Wir Menschen sind die Lebewesen, die sich kraft ihrer Geistigkeit selbst verändern können. Wir müssen nicht auf die Zufallsmutationen der Evolution warten. *In welcher Richtung* wir uns allerdings verändern, liegt Alltag für Alltag bei uns. Sicher ist: Nur eine nie erlahmende Suche nach Sinn und Wahrheit kann uns auf einen Änderungskurs bringen, der an die scheinbar entschwundenen „Notausgänge aus dem (selbst gebrauten) Hexenkessel", die uns persönlich und unserer Spezies vielleicht doch noch offenstehen, heranführt.

Ein Bild,
das lange in einem
Zimmer hängt,
hast du oft angeschaut,
kennst es
in allen Einzelheiten.

Ein Mensch,
mit dem du lange
zusammenlebst –
hast auch ihn oft angeschaut,
kennst ihn
mit allen Eigenschaften.

Das Bild
kannst du lange links hängen lassen;
es ändert sich nie.

Den Menschen
musst du stets beachten und neu sehen;
er ändert sich ständig.

*Quelle unbekannt*

# Die Sonnenseiten des Lebens bejubeln

Von *Albert Schweitzer* stammt das Bonmot: „Viele Menschen wissen, dass sie unglücklich sind. Aber noch mehr Menschen wissen nicht, dass sie glücklich sind."

Nun, es ist eine Aufgabe der Psychotherapie, dafür zu sorgen, dass Menschen weniger unglücklich sind. In Anspielung auf das Wort *Schweitzers* könnte man es quasi als ihre (faszinierende) „Zweitaufgabe" bezeichnen, mitzuhelfen, dass glückliche Menschen begreifen, dass sie glücklich sind. Dabei mag verblüffen, dass sich die „Zweitaufgabe" komplizierter gestaltet als die Hauptaufgabe. In der Praxis kann man leichter zehn Unglücklichen ihr Unglücklichsein mildern (und sei es nur durch aufrichtige Anteilnahme an ihrem Geschick), als einem einzigen Glücklichen verdeutlichen, wie gut es ihm geht.

Das kommt daher, weil nüchterne Tatsachen zwar oft an Leiderlebnissen ursächlich mitbeteiligt sind, aber mit dem subjektiven Glücksgefühl des Menschen überraschend wenig zu tun haben. Zwischen erfreulichen Tatsachen und psychischer Hochstimmung besteht nicht die Parallelschaltung, die bestehen müsste. Positive Gegebenheiten und Glück sind nicht das Zwillingspärchen, zu dem die Logik sie schmieden möchte. Nicht einmal das *Fehlen* von unerfreulichen Tatsachen einerseits und Glücksgefühl andererseits sind Brüder, obwohl *Frankl* im Rückblick auf seine furchtbaren Jahre im KZ definiert hat: „Glück ist, was einem erspart bleibt."[11] Demjenigen, dem nicht bewusst ist, was ihm bisher alles erspart geblieben ist, nützt diese Definition leider wenig.

Im Folgenden seien drei ehemalige Patienten von mir vorgestellt, denen nichts abging, außer – glücklich zu sein.

## BEISPIEL NR. 1

Die erste Patientin war Angelika. Welche Tatsachen fügten sich zu ihrem Lebenspuzzle zusammen?

Sie war 27 Jahre alt und gesund. Sie war seit ihrem 20. Lebensjahr verheiratet und hatte zwei gesunde Kinder im Alter von sechs und vier Jahren. Sowohl die Eheschließung als auch die Geburt der Kinder waren ihr eigener Wunsch gewesen. Ihr Ehemann hatte einen krisenfesten Beruf mit gutem Einkommen; er war anständig und treu. Die Familie bewohnte ein renoviertes Fachwerkhaus mit Vorgarten in einer ländlichen Gegend, wobei auch dies ursprünglich der Wunsch der Frau gewesen war, die aus bäuerlichen Kreisen stammte. Es standen zwei Autos in der Garage. Dadurch war Angelika tagsüber mobil, wenn ihr Mann mit seinem Wagen zur Arbeit gefahren war. Das ältere Kind, ein Bub, ging halbtags in einen Kindergarten, das jüngere, ein Mädchen, sollte in wenigen Monaten ihren Bruder dorthin begleiten. Dann wollte Angelika, die eine Ausbildung zur Zahnarzthelferin besaß, an drei Vormittagen pro Woche in der Praxis des örtlichen Zahnarztes mitarbeiten, damit sie „mehr unter die Leute" kommen würde. Auch war es ihr gelegentlich möglich, die Kinder bei den Großeltern abzuladen, um ein paar Stunden ausreiten zu können, was ihre Leidenschaft war.

So viel zu den nüchternen Tatsachen. Betrachten wir jetzt die innere Verfassung der jungen Frau, als ich sie kennenlernte. Sie war aggressiv, mürrisch, gereizt, unzufrieden. Den Großeltern, ihren Schwiegereltern, warf sie vor, sie würden sie nicht genügend akzeptieren. Dem Ehemann warf sie vor, er würde sie im Haushalt nicht ausreichend unterstützen. Wenn er abends zufällig einen Blick in die Waschmaschine warf und darin noch Wäsche vorfand, die darauf wartete, aufgehängt zu werden, tobte sie und schleuderte ihm die nassen Wäschestücke vor die Füße. Sie sei nicht seine Bedienerin, schrie sie ihn an. Den Kindern warf sie vor, sie würden sie keine Minute in Ruhe lassen; ständig würden sie an ihr zerren und ihr die letzten Kräfte rauben. Angelika klagte über Schlappheit, Lustlosigkeit, Überforderung, Widerwillen gegenüber den Haushaltspflichten und das massive Gefühl, ihr Leben zu versäumen. Am liebsten würde sie weit wegfahren und nie mehr zurückkommen. Bei jedem Ausritt packte sie eine solche Sehnsucht nach dem Davonlaufen, dass sie hemmungslos in sich hineinschluchzte. Nachts träumte sie halb wach von fremden Abenteurern, die sie wild begehrten und entführten auf Nimmerwiederkehr.

BEISPIEL NR. 2

Nicht besser ging es dem zweiten Patienten, einem Mann namens Hermann. Sammeln wir vorerst wieder die Tatsachen, die seine Lebenssituation charakterisierten. Er war 25 Jahre alt und gesund. Zu seinen Eltern bestand seit jeher eine enge Beziehung. Er wusste, dass er nahezu alles von ihnen haben konnte, was er wollte. Vor zwei Jahren hatten sie ihm eine Fernostreise finanziert, vor einem Jahr einen Tramperurlaub in den USA. Auch eine Wohnung hatten sie ihm eingerichtet. Hermann studierte noch, doch war sein Studium, was die Prüfungen anlangte, abgeschlossen. Es fehlte nur noch die Niederschrift seiner Diplomarbeit, die sich mit einem politischen Thema, welches er sich selbst ausgesucht hatte, beschäftigte. Sein dafür zuständiger Professor hatte ihm angeboten, zur Materialerhebung für diese Arbeit in einem bekannten Wissenschaftsinstitut zu praktizieren, und hatte ihm den Weg dazu geebnet. Freunde hatten ihn vor Antritt dieses Praktikums zu einem Segelturn in der Ostsee eingeladen. Einer der Freunde besaß ein eigenes Segelboot und war bereit, ihn in die Künste des Segelns einzuweihen. Der Vater von Hermann hatte daraufhin die Bemerkung fallen lassen, dass – falls Hermann das Segeln gefiele – dieser zum Abschluss seines Diploms auch mit einem eigenen Segelboot rechnen könne.

So viel zu den nüchternen Tatsachen, denen die innere Verfassung von Hermann in keiner Weise entsprach. Hermann war unruhig, nervös, unentschlossen, träge und faul. Weder das Segeln-Erlernen, noch das Hineinschnuppern in den Betrieb eines Wissenschaftsinstitutes konnten ihn im Geringsten locken. Die Diplomarbeit zu formulieren erschien ihm wie ein Albtraum. Die Politik, das Fach seiner Wahl, ödete ihn an; eine berufliche Zukunft konnte er sich damit nicht vorstellen. Auch das Herumreisen in der Welt gab ihm nichts mehr, wie er sich ausdrückte, und die Eltern mit ihrer fürsorglichen Besorgtheit konnten ihm „gestohlen bleiben". Er vertrödelte viel Zeit im Bett, vernachlässigte seine Wohnung und stieß seine Freunde vor den Kopf. Nachts zog er durch Diskotheken, hockte an Bartischen, sprach Mädchen für Kurzkontakte an. Jegliche Bindung an irgendetwas war ihm ein Gräuel, jede Verpflichtung ein Horror; seine Zeit verrann im Provisorium.

## BEISPIEL NR. 3

Damit nicht fälschlich der Eindruck entsteht, nur junge Menschen seien für solch merkwürdige „Glücksabsenzen" anfällig, hier noch die Beschreibung eines dritten Patienten: Wolfgang. Er war 47 Jahre alt und niedergelassener Internist. Seine Arztpraxis lag in einer gepflegten Wohngegend einer Großstadt und hatte regen Zulauf. Die Familienverhältnisse von Wolfgang waren geordnet. Seine Frau war eine stille, angenehme Kameradin, die – selbst berufstätig – immer ein Auge zudrückte, wenn ihr Mann Überstunden machte bzw. abgespannt heimkam, und ihn dann mit partnerschaftlichen Erwartungen verschonte. Sein 18-jähriger Sohn war ziemlich selbstständig und arbeitete in einer Bank. Von den Eltern Wolfgangs lebte noch sein 70-jähriger Vater, der recht rüstig war und der Familie kaum zur Last fiel. Da niemand in der Familie größerem Luxus frönte, blieb viel Geld übrig. Dies erlaubte Wolfgang, sich zeitweise beruflich für einige Monate vertreten zu lassen, um an Ausgrabungsexpeditionen teilzunehmen, einem alten Hobby von ihm. In seiner Jugendzeit hatte er nämlich lange zwischen

Medizin und Archäologie hin- und hergeschwankt, bis schließlich der einträglichere Arztberuf den Sieg davongetragen hatte. Jetzt konnte er beides miteinander verknüpfen.

So weit die nüchternen Tatsachen, denen das Seelenleben Wolfgangs gegenüberzustellen ist. Er hegte Selbstmordgedanken. Seit zwölf Jahren schon besuchte er regelmäßig psychotherapeutische Gruppenstunden, ohne davon an Lebensqualität zu profitieren; aber damit aufzuhören, fürchtete er sich auch. Sein zentrales Problem war die Nichtbewältigung eines vermeintlichen Zu-kurz-Kommens. Die Patienten, die er behandelte, seien nicht anhänglich genug, die Familienmitglieder liebten ihn nicht genug, sein Vater sprach nicht häufig genug mit ihm, niemand interessierte sich ausreichend für seine Wünsche und Bedürfnisse. Seine sexuelle Libido sei ohne Elan, sein Männlichkeitsgefühl angeknackst, seine Genussfähigkeit eingeschränkt, sein Leben unwert, gelebt zu werden. Die Aussicht auf das heranrückende Alter und auf stetig abnehmende körperliche und psychische Funktionalität erschrecke ihn maßlos. Lieber würde er sogleich sein freudloses Leben hinwerfen.

Das also waren Angelika, Hermann und Wolfgang, und wer glauben sollte, sie seien seltene Ausnahmeexemplare gewesen, der irrt sich. Diese drei Personen waren drei von acht neuen Patienten, die in ein- und derselben Woche zu mir um Rat und Hilfe gekommen sind! Ob ihnen zu raten und zu helfen war, soll der Leser auf einem Umweg erfahren. Ich möchte nämlich zunächst nach der tieferen Wurzel des beschriebenen Übels fahnden. Was bietet die psychologische Fachliteratur dazu an?

Merkwürdigerweise gibt es kaum empirische Studien zum Phänomen der Dankbarkeit. Es ist an den Universitäten nicht aufgefallen, dass es sich hierbei um ein unverzichtbares Phänomen handelt, das die tragische Struktur des Daseins (und nicht nur menschlichen Daseins) im Bewusstsein präsent hält. Schleichend kam es zu einer Art *Bewusstseinstäuschung* in unserer modernen Gesellschaft. Inzwischen werden Krankheiten, Unfälle, Leid und Tod als „lästige Betriebsstörungen" verstanden, über die man sich zu Recht empören könne, wenn sie geschehen. Die Folge ist, dass unzählige Menschen auf der Sonnenseite des Lebens wahrhaftig nicht mehr wissen, dass ihre Bedingungen „sonnige" sind. Deshalb existiert für sie kein Grund, sich zu freuen, dankbar und glücklich zu sein. Das Gnadenvolle an ihren Lebensbedingungen ist für sie das Selbstverständliche, das gar keiner Erwähnung oder Gefühlsregung wert ist. Es hat einfach so zu sein, wie es ist. Aber – wenn es so ist, wie es ist, hat das Leben keine Würze, keinen Geschmack, es ist schal und leer.

Hier wurde die Psychologie aufmerksam. „Flaues Lebensgefühl"? Hypothetische Erklärungen schossen aus dem Boden. Ihnen gemäß könnte sich bei Angelika, die relativ jung geheiratet und Kinder bekommen hat, ein ungestillter Nachholbedarf an ungebundenem Die-Jugend-in-vollen-Zügen-genießen-Wollen zur vorliegenden Problematik verdichtet haben. Hermann wiederum, der sich mit dem Thema seiner Diplomarbeit und dem näher rückenden Berufsziel einer politischen Laufbahn nicht identifizieren kann, könnte in eine Identitätskrise geraten sein. Wolfgang schließlich befindet sich, am Höhepunkt seiner stressvollen Karriere und vom eintönigen Familienleben ermüdet, offensichtlich in einer klassischen Midlife-Crisis. Aber: Reichen solche Erklärungen aus, um die Riesenkluft zwischen den uneingeschränkt positiven Tatsachen im Leben der drei genannten Personen und den erschütternd negativen Zuständen ihres Seelenlebens zu begründen? Skepsis ist angesagt. Wieso wirkt sich das vorhandene Intakte und Heile nicht heilend auf Nachholbedarf, Identitäts- und Midlife-Krise aus? Es ist, als wäre das Heile gar nicht vorhanden, weder in den Theorien der psychologischen Abhandlungen noch im Bewusstsein der betroffenen Menschen ...

Blättern wir jetzt in den Schriften *Frankls* nach, und zwar in jenem persönlichen Erfahrungsbericht, in dem er die Definition „Glück ist, was einem erspart bleibt" niedergelegt hat. Gibt es darin eine Buchstelle, in der die Dankbarkeit zur Sprache kommt? Es gibt sie, in einem Kapitel mit der Überschrift: „Nach der Befreiung aus dem (KZ-)Lager". Liest man sie, denkt man unwillkürlich an das heute häufig zitierte „Posttraumatische Stresssyndrom" (PTS), das bei Überlebenden von Flugzeugabstürzen, Brandkatastrophen etc. und bei allen Personen, die einen schweren Schock oder eine Phase immenser Belastung hinter sich haben und ins normale Leben nicht mehr zurückfinden, diagnostiziert wird. Läge in der genannten Buchstelle vielleicht die Lösung zur Überwindung des PTS verborgen? Da steht geschrieben:

*„Dann gehst du eines Tages, ein paar Tage nach der Befreiung, übers freie Feld, kilometerweit, durch blühende Fluren einem Marktflecken in der Umgebung des Lagers zu; Lerchen steigen auf, schweben zur Höhe, und du hörst ihren Hymnus und ihren Jubel, der da droben im Freien erschallt. Weit und breit ist kein Mensch zu sehen, nichts ist um dich als die weite Erde und der Himmel und das Jubilieren der Lerchen und der freie Raum. Da unterbrichst du dein Hinschreiten in diesen freien Raum, da bleibst du stehen, blickst um dich und blickst empor – und dann sinkst du in die Knie. Du weißt in diesem Augenblick nicht viel von dir und nicht viel von der Welt, du hörst in dir nur einen Satz, und immer wieder denselben Satz: ‚Aus der Enge rief ich den Herrn, und er antwortete mir im freien Raum.' – Wie lange du dort gekniet hast, wie oft du diesen Satz wiederholt hast –, die Erinnerung weiß es nicht mehr zu sagen ... Aber an diesem Tage, zu jener Stunde begann dein neues Leben – das weißt du. Und Schritt für Schritt, nicht anders, trittst du ein in dieses neue Leben, wirst du wieder Mensch."*[12]

Wenden wir uns, die obige Buchstelle im Gedächtnis, nochmals Angelika, Hermann und Wolfgang zu. Stellen wir uns diese drei Personen bei einem Spaziergang über ein freies Feld vor. Stellen wir sie uns vor, wie sie dem Gesang der Lerchen lauschen, wie sie ihr Herz der Weite ringsum öffnen, wie sie stehen bleiben, um sich blicken, als würden sie plötzlich erwachen, und auf die Knie sinken in Dankbarkeit – und wie sie nach einer unbestimmten Zeit, von der die Erinnerung nichts weiß, eintreten in ein neues Leben, Schritt für Schritt, wieder Mensch werden. Ist das nicht ein wunderschönes Bild? Wäre das nicht ihre Genesung? Was aber hindert sie daran? Es hindert sie daran das nicht-erlebte Grauen – eine makabre Feststellung! –, das nicht-erlebte Lager, um auf den *Frankl'schen* Text Bezug zu nehmen. Sie haben niemals aus der Enge gerufen und also keine Antwort vernommen im freien Raum.

## WIE KANN MAN DA HELFEN?

Eines ist gewiss: Es ist ihnen nicht zu wünschen, dass sie das Grauen kennenlernen mögen. Obwohl spitze Zungen hin und wieder behaupten, manch einem müsste es nur schlecht genug gehen, dann würde er sich schon „berappeln", kann dennoch eine therapeutische Hoffnung nicht in einer Art „Verordnung von Schmerz" fußen. Auch wirken aufrüttelnde Schmerzen einzig und allein dann, wenn das Leben sie „verordnet". Uns Heilberuflern stehen solch drastische Mittel nicht zu. Wir wollen und dürfen niemandem ein schlimmes Schicksal wünschen. Allerdings können wir einen Kunstgriff anwenden, indem wir unseren Patienten das schlimme Schicksal, das ihnen aus eigener Erfahrung fremd ist, *im Konjunktiv bewusst machen*. Weil dies eine erstaunlich ergiebige Methode zur „Glücksrückgewinnung" ist, sei sie hier erläutert und zur Nachahmung empfohlen.

Der Konjunktiv ist bekanntlich die Aussageweise der Vorstellung. Er spricht von dem, was *sein könnte* oder *hätte sein können*, falls andere Umstände *gewesen wären*. Wenn es nun stimmt, dass zwischen positiven Tatsachen und Glück eine dürftige Korrelation besteht (wie angedeutet), aber zwischen negativen Tatsachen und Leid eine durchaus intensive Verbindung herrscht, dann – so der Kunstgriff – muss ein inneres Revuepassieren-Lassen möglicher negativer Tatsachen, die auch alle *sein könnten* oder *gewesen hätten sein können*, in der Fantasie eines Menschen eine hinreichende Vorstellung von Leid erwecken, welches ihm de facto erspart geblieben ist. Die These hat sich in der Praxis bestätigt. Wo immer ein erfreuliches Schicksal irrtümlich für selbstverständlich genommen und nicht entsprechend geschätzt wird, kann die Regeneration seiner Wertschätzung über die Bewusstmachung eines konträren, also bedauerlichen Schicksals „im Konjunktiv" eingeleitet werden. Erst die Wahrnehmung des Kontrastes zwischen Möglichem und Tatsächlichem – mit eindeutiger Bevorzugung des Tatsächlichen! – enthüllt den Wert des Tatsächlichen, das auf einmal keineswegs mehr selbstverständlich erscheint.

Zur Bewusstmachung des negativen Schicksals „im Konjunktiv" begibt man sich in entspanntem Zustand, z. B. mit geschlossenen Augen auf einem Bett liegend, in eine unwirkliche Lebenslandschaft („Imagination"). Um etwaigem Aufkommen von Ängsten vorzubeugen, verlegt man die Landschaft am besten in die eigene Lebensvergangenheit, von der man bereits sicher weiß, dass sie anders, eben günstiger, verlaufen ist. Nicht Zukünftiges, sondern nicht-stattgefunden-habendes Vergangenes wird vor das innere Auge gerufen – immerhin Vergangenes, das jederzeit *auch so* hätte stattfinden können.

## ZUM BEISPIEL NR. 1

Im Beratungsgespräch habe ich Angelika instruiert, sich auf folgenden Gedankenflug einzulassen:

Sie sei nicht 27, sondern erst 22 Jahre alt. Ihr Sohn sei schon geboren, eine Tochter habe sie noch nicht. Gestern sei sie mit dem Einjährigen bei einer ärztlichen Routineuntersuchung gewesen und habe erfahren, dass ihr Sohn an einem angeborenen Herzfehler leide und in Lebensgefahr schwebe. Zwar gäbe es eine komplizierte Operation, die ihn retten könne, aber Garantien für ein Gelingen lägen nicht vor. Er könne bei der Operation auch sterben. Gestern Abend habe sie, noch ganz unter dem Schock des Erfahrenen, mit ihrem Gatten darüber sprechen wollen, doch sei dieser kurz angebunden gewesen. *Sie* habe das Kind gewollt und nicht *er*; jetzt müsse *sie* die Entscheidung treffen. Außerdem sei er nicht bereit, viel Geld in eine strittige Operation zu investieren.

Ich bat Angelika, sich vorzustellen, sie gehe in diesem Moment, ihren kleinen Sohn im Kinderwagen vor sich herschiebend, einen langen, einsamen Feldweg entlang und sinne nach. Was sieht sie in der skizzierten Lebenslandschaft? Was geht in ihr vor?

Anfangs war meine Patientin ganz „Rebellion". Freilich werde sie ihr Kind operieren lassen. Dazu brauche sie keinen Mann, der ihr sage, was zu tun sei. Allmählich wurde sie kleinlauter. Das nötige Geld müsse sie trotzdem von ihm erbitten. Mit einem kranken Kleinkind zu Hause könne sie auf absehbare Zeit nichts verdienen ... Nachstehend ein Ausschnitt aus ihrer Imagination:

*„Ich gehe langsamer. Der Feldweg scheint kein Ende zu haben, als führe er zu keinem Ziel. Wenn ich meinen Sohn anschaue, der fröhlich und ahnungslos im Kinderwagen zappelt, packt mich der Drang, ihn herauszunehmen und an meine Brust zu drücken. Fest und noch fester, als könnte ich ihn damit schützen vor dem, was auf ihn zukommt. Ja, ich nehme ihn heraus und setze mich mit ihm unter einen Baum am Waldesrand. Mein Gott, ist es schwül, mir rinnt der Schweiß von der Stirn in die Augen. Das Kind wird so ruhig – ist das schon eine beginnende Schwäche seines kleinen Körpers? Oder merkt es einfach, wie mir zumute ist? Nein, es schläft ein, und auch ich bin müde. Ich kann nicht mehr denken, alles dreht sich im Kreis. Ich möchte schlafen, abschalten, mit meinem Sohn im Arm unter diesem Baum liegen bleiben ..."*

Drei Wochen später erzählte mir Angelika, dass sich die Szene mit dem Baum am Waldesrand inzwischen realisiert habe. Bei einem gemeinsamen Wochenendausflug habe sich ihr Ältester beim Radfahren derart verausgabt, dass er mit dem Kopf auf ihrem Schoß eingeschlafen war, während ihr Mann mit der

Tochter noch Ball spielte. Das friedlich schlafende Kindergesichtchen betrachtend, seien in ihr die Bilder hochgestiegen, die wir bei unserem letzten Gespräch miteinander beschworen hatten, und ein nie gekanntes warmes Gefühl sei über sie gekommen. Sie beschrieb es als „Sehnsucht nach dem Dableiben" – *da*, bei ihren zwei gesunden Kindern und ihrem Ehemann, der gerade mit der Kleinen herumtollte, ganz seiner Familie verbunden und zugetan. Sehnsucht nach dem Dableiben statt Sehnsucht nach dem Davonlaufen! Die Wirkung der Dankbarkeit für ein positives Schicksal hatte bereits eingesetzt.


## ZUM BEISPIEL NR. 2

Hermann erhielt seiner Situation gemäß eine andere Instruktion. In entspanntem Zustand sollte er sich ebenfalls ins Alter von 22 Jahren zurückversetzen. Zu diesem Zeitpunkt sei in einem NATO-Land Krieg ausgebrochen und Hermann erwarte jeden Tag seinen Einberufungsbefehl. Er wisse, dass er sich dem Wehrdienst nicht entziehen könne, weil der Ernstfall, an den er nie recht geglaubt hatte, eingetreten sei. Eine politische Lösung sei nicht in Sicht. Hermann befinde sich auf dem Weg zu seinen Eltern, die in heller Aufregung sein würden. Er schlendere durch eine Einkaufsstraße, um ein „Abschiedsgeschenk" für sie zu besorgen. Was sieht er, was empfindet er dabei? Was geht in ihm vor?

Hermann reagierte anfangs genauso rebellisch wie Angelika. „Was geht mich der Scheißkrieg an?", schimpfte er. „Die sollen sich einen anderen als Kanonenfutter suchen!" Auch sein Gefühlsausbruch verebbte relativ rasch. Es sei nicht leicht zu desertieren, überlegte er. Man müsse unbemerkt ins Ausland gelangen, doch im Kriegsfall sind überall strengste Kontrollen. Ohne finanziellen Nachschub aus der Heimat kommt man im Ausland nicht weit. Und das abgebrochene Studium? Die Eltern würden sich zu Tode grämen. Was soll da ein Abschiedsgeschenk? Hier ein Ausschnitt aus seiner Imagination:

*„Ich stehe vor einem Schaufenster und starre hinein, aber ich nehme nichts wahr. Soll ich mich stellen, soll ich in den Krieg ziehen? Vielleicht komme ich als Held zurück. Vielleicht komme ich nicht zurück. Wofür überhaupt kämpfen? Für die Chance eines fragwürdigen Heldentums? Ich weiß zutiefst: Ich bin kein Held. Was bin ich sonst? Wer bin ich? Ich kann doch nicht fallen, bevor ich herausgefunden habe, wer ich bin?"*

Als mich Hermann nach diesem Gespräch verließ, war er merklich mitgenommen. Das negative Schicksal „im Konjunktiv" war nicht spurlos an ihm vorübergegangen, und ich erwog im Nachhinein, ob ich ihn zu hart angefasst hatte. Bei unserem nächsten Gespräch überraschte er mich jedoch mit der Mitteilung, dass er sich in dem von seinem Professor vorgeschlagenen Wissenschaftsinstitut angemeldet hatte. Er würde das Praktikum sogar früher als geplant antreten. „Wieso diese Eile?", fragte ich neugierig. „Ich habe die Politik als Gegenstand meines Interesses wiedergefunden", antwortete er mir ernst, „und möchte mein Studium vorantreiben. In jüngster Zeit gefällt mir der Gedanke, mich vielleicht in ferner Zukunft bei der UNO zu bewerben. Eine Mitarbeit dort würde mich reizen und mir eine Kombination meiner Reiseambitionen mit meiner politischen Karriere erlauben." Als er von der UNO sprach, wurde ich aufmerksam. Stand etwa die Idee, dass nur eine gute Politik militärische Auseinandersetzungen verhindern kann, in Verbindung mit seiner durchlebten Einberufung zum Wehrdienst „im Konjunktiv"? Wie dem auch sei, Hermann war aktiv dabei zu entdecken, wer er ist und noch werden kann.

## ZUM BEISPIEL NR. 3

Bei Wolfgang war es am schwierigsten, eine adäquate Instruktion zu entwickeln. Es stand zu befürchten, dass nahezu jedes vorgestellte negative Schicksal seine Selbstmordtendenz anfachen könnte. Wir brauchten ein negatives Schicksal mit Herausforderungscharakter, bei dem er nicht einfach würde kapitulieren wollen. Ich wählte einen Zeitpunkt am Anfang seiner ärztlichen Laufbahn vor ca. 18 Jahren und bat ihn, sich vorzustellen, es sei ihm ein Fehler unterlaufen. Eine Patientin, der er ein bestimmtes Medikament verordnet habe, sei an einer Medikamentenunverträglichkeit gestorben. Er hätte dies durch vorherige Labortests verhindern können. Wegen der gerichtlichen Untersuchung sei seine Praxis vorläufig geschlossen. Dadurch sei er zur Untätigkeit verurteilt und müsse sich auf einen unangenehmen Prozess gefasst machen. Wolfgang sitze gerade an seinem Schreibtisch zu Hause und arbeite eine Verteidigungsstrategie aus, obwohl er ehrlicherweise wisse, dass bei allem, was zu seinen Gunsten spräche, dennoch die Schuld bei ihm verbliebe. Was spielt sich in seinem Herzen ab, während er – mit sich allein – am Schreibtisch sitzt?

Wolfgang rebellierte keineswegs. Lange Zeit rührte er sich nicht. Als er schließlich sprach, war seine Stimme heiser und belegt. Das sei das Grässlichste, was ihm passieren könne. Diese Schande, diese Last auf seinem Gewissen! Dagegen verblasse jede andere Herabsetzung seiner Person. Überhaupt könne, wenn er es richtig bedenke, niemand ihn mit Fug und Recht herabsetzen; aber ein eigener ärztlicher Fehler mit Todesfolge – wie solle er damit leben? Damit wolle er weder leben noch sterben, nicht als Arzt-Versager. Er versank in Schweigen. „Was sehen Sie jetzt?", fragte ich, um ihn nicht zu früh aus seiner Imagination zu entlassen. Da sagte er zu meiner Überraschung:

*„Ich sehe mich ein Gelübde ablegen. Ich gelobe, falls ich meine Praxis weiterführen darf, ein gewissenhafter Arzt zu sein und meine Patienten sorgfältig zu behandeln. Nie mehr soll mir ein solcher Fehler unterlaufen."*

Nachdem ich Wolfgang in die Gegenwart zurückgeholt hatte, konnte ich es mir nicht verkneifen, ihn zu fragen, ob er in Wirklichkeit einmal einen gravierenden ärztlichen Fehler begangen habe. Er lächelte mich an, und es war das erste Mal, dass ich ihn lächeln sah. „Nicht dass ich wüsste", antwortete er, „das Gelübde, das ich soeben abgelegt habe, halte ich bereits seit zwei Jahrzehnten." „Dazu gratuliere ich Ihnen!", rief ich spontan aus. „Ja", nickte er, weiterhin lächelnd, „dazu kann ich mir direkt selbst gratulieren." „Je älter Sie werden", nahm ich den Faden nochmals auf, „desto länger wird Ihr Gelübde gehalten haben, desto länger werden Sie ein gewissenhafter Arzt gewesen sein und desto mehr Grund werden Sie haben, sich zu Ihrem Leben zu gratulieren." Es schien, als spränge das Lächeln von seinen Lippen auf seine Seele über … „Dieser Gedanke hilft mir ungemein", beteuerte mir Wolfgang beim Abschied; derselbe Wolfgang, der zu Beginn unseres Gesprächs gemeint hatte, das Älterwerden und der Verlust an körperlicher und psychischer Funktionalität erschrecke ihn dermaßen, dass er lieber gleich dahinscheiden würde.

Verlassen wir damit Angelika, Hermann und Wolfgang in der Hoffnung, dass sie seither „Schritt für Schritt, nicht anders, in ein neues Leben eingetreten und wieder Mensch geworden sind", wie es im *Frankl*text heißt, und schauen wir zusammenfassend einem Stück Wahrheit ins Gesicht: Ein positives Schicksal kann nicht bestellt und nicht geordert werden, sondern ist eine absolut unverdienbare Segnung der Art, über die *Zenta Maurina* einst geschrieben hat:

*„Es gibt Lichtaugenblicke, die das ganze Leben überstrahlen; Oasen, die den Durst langer gemeinsamer Wüstenwanderungen stillen. Wer sie vergisst, war nicht wert, ihnen zu begegnen und wird sie nie wiederfinden."*[13]

Es ist seltsam: Der gestillte Durst wird vergessen. Vergessen wird, wer ihn gestillt hat. Mehr noch: *Sobald man hat, was man wollte, will man es viel weniger, als bevor man es hatte.* Ein berühmter Skispringer hat nach einem schweren Unfall mit Verdacht auf Querschnittlähmung einem Reporter gegenüber geäußert: „Ich möchte bloß wieder gehen können!" Ein halbes Jahr nach seiner völligen Rehabilitation sagte er in einem Interview: „Ich möchte in der nächsten Saison auf dem Siegerpodest stehen." Er sagte nicht: „Ich bin unaussprechlich froh, wieder gehen zu können."

Die *Dankbarkeitsvergessenheit* steckt in uns allen. Ständig sind wir in Gefahr, es gleichsam jener Dame nachzumachen, die beim Frühstück ihren Mann anspricht: „Egon, heute können wir endlich die Fotos von unserem Urlaub abholen! Ich bin ja so gespannt, wo wir überall gewesen sind!" Nur dass es im Nachhinein unseres Lebens keine Fotoschau unserer Sonnen- und Sternstunden geben wird. Jubeln wir deshalb, wann und wo immer wir Grund zum Jubeln haben! Jubilieren wir wie die Lerchen in der Höhe, die, wenn sie heute glücklich sind, dem Gestern nichts nachtragen und sich vor dem Morgen nicht grämen!

In unserer psychologischen Zunft herrscht eminente Angst vor Schönfärberei. Verdrängten Seelenschmerz schonungslos aufzudecken, um neurotischen Schaden abzuwenden, ist oberstes Gebot. Dies ist nicht falsch – aber nicht genug. Ich bin überzeugt, dass auch die „Hässlichfärberei" zu fürchten ist. Denn sie verdeckt die glanzvollen Facetten unseres Lebens, die mitten im gewohnten Alltagstrott wie Juwelen leuchten und um die es ewig schade wäre, würden wir sie übersehen.

# Die Nachtseiten des Lebens durchstehen

In Abständen verhüllt die „Sonne" ihr Antlitz, und es wird „Nacht". An der Problematik von Leid, Schuld und Tod, der „tragischen Trias" im menschlichen Leben *(Frankl)* kommt niemand vorbei – und jeder steht sie anders durch. Die gestalterische Fülle, die uns bei sämtlichen Kreaturen entgegentritt, hat sich im Menschen besonders verdichtet. Von denselben Eltern, mit ähnlichem Erbgut ausgestattet und von ähnlichem Erziehungsstil geprägt, entspringen höchst unterschiedliche Nachfahren. Jedes Kind nimmt im Erwachsenwerden seinen Lebenslauf in die eigene Hand. Analog durchsteht es die „tragische Trias", die ihm auf den Fersen klebt, auf seine persönliche Weise. Es zerbricht seelisch daran oder es wächst geistig daran, beides liegt – nicht an seiner Vorgeschichte, sondern – stets neu in seiner Hand.

*„Wollte man den Menschen definieren, dann müsste man ihn bestimmen als jenes Wesen, das sich je auch schon frei macht von dem, wodurch es bestimmt ist; jenes Wesen also, das alle seine Bestimmtheiten transzendiert, indem es sie überwindet oder gestaltet, aber auch noch während es sich ihnen unterwirft."*[14]

Auf der Basis der obigen Definition des Seelenarztes *Frankl* wollen wir nach Perspektiven suchen, die das geistige Wachsen an der „tragischen Trias" eher anschieben und das seelische Zerbrechen an ihr eher stoppen. Es sind (wie könnte es anders sein?) *Sinnperspektiven.* Der elende, verstümmelte, todkranke Mensch ringt mit Ungeheuerlichkeiten, deren Sinn er nicht begreifen kann. Warum er? Warum jetzt? Warum so brutal? Wofür hat er überhaupt bisher gelebt? Wofür lohnt es sich weiterzuleben? Sein existenzieller Boden wankt. Leicht könnte er ins Bodenlose abstürzen, in den Glauben an ein absurdes Chaos, dem er ohnmächtig ausgeliefert ist und dessen Strudel ihn in die Tiefe reißt. Was hält ihn, was trägt ihn noch? Die Religion? Gut, wenn sie es tut. Gut, wenn dem sich ihm aufdrängenden Glauben an ein absurdes Chaos ein Glaube von ganz anderer Qualität entgegengesetzt werden kann.

Doch nicht jeder Mensch hat Zugang zu dieser Quelle des Trostes. Hier kann die Philosophie als Lebenshilfe „einspringen" und Argumente anbieten, die den wankenden Boden der Existenz wie Pfeiler abstützen, auf dass der leidende Mensch den Mut fasst, sein Schicksal in Würde anzunehmen. Vier solcher „Stützpfeiler" sollen im Folgenden erörtert werden.

## 1. Hinter jeder Verzweiflung steckt eine Vergötzung

Verzweiflung hat eine Voraussetzung, die schon *vor* Schicksalsschlägen und Krankheitseinbrüchen geschaffen wird, und zwar vom Menschen selbst: die Vergötzung[15]. Wer sein Herz an ein einziges Einsatzgebiet oder an ein einziges Wertobjekt hängt, programmiert sich selbst in Richtung „Verzweiflung" vor. Denn bekanntlich ist alles Irdische verlierbar, und wird es verabsolutiert, also aus seiner relativen Gültigkeit und Wichtigkeit herausgebrochen und zum Alleinseligmachenden deklariert, dann steht und fällt mit ihm Wohl und Wehe dessen, der es verabsolutiert hat. So endet zum Beispiel eine überzogene Arbeitswut schnell bei unerträglich öden Sonntagen und einem Totalkollaps im Ruhestand. Klammerbeziehungen symbiotischer Natur wiederum hinterlassen im Trennungs- oder Todesfall Trauernde, die aus ihrer Trauer nie mehr auftauchen, weil sie in einer reaktiven Depression versunken sind. Und unter den Mammonanbetern ist der Suizid die übliche Antwort auf Börsenkräche und Wirtschaftsflauten. Das heißt, je höher etwas Irdisches zum Himmel gehoben wird, solange es sich noch in der Reichweite eines Menschen befindet, desto tiefer ist der seelische Absturz dieses Menschen, sobald es aus dessen Reichweite herausgleitet.

Gesundheit, Lebenskraft und Lebenslänge bilden diesbezüglich keine Ausnahmen. Zweifellos ist Gesundheit ein herrliches Gut, und es wäre zu wünschen, dass sich mehr Gesunde (Angelika und Konsorten!) dessen bewusst sind. Dennoch ist sie nicht unser „oberstes" Gut. Ein Leben, das 100 Jahre dauert, kann sinnarm, unfruchtbar und vom ethischen Standpunkt aus verfehlt sein, während ein anderes Leben von halb so viel Jahren vielleicht ein enormes Maß an Produktivität und Freude in die Welt zu bringen vermocht hat. Es ist daher ein Aspekt der *Vorsorge* – wenn man so will auch der *Krankheitsvorsorge* –, das Leben rechtzeitig mit einer Fülle von Werten wie Freundschaften, Naturerlebnissen, Interessen und Liebhabereien anzureichern, um im Falle abbröckelnder Gesundheit und Kraft auf noch Bestehendes zurückgreifen zu können.

Die Erfahrung lehrt, dass es nach dem Verlust eines „vergötzten" Wertes kaum mehr möglich ist, Aufwertungen von bis dahin untergeordneten Lebensinhalten vorzunehmen. Der Sturz, der aus einem ursprünglichen „Alles-oder-nichts-Prinzip" heraus entstanden ist, führt denjenigen zu tief ins Nichts, der verlor, was ihm „alles" war. Doch solange sich der Verlust erst in Vorboten ankündigt, ist noch Zeit zur geistig-seelischen Umorientierung; eine Chance, wie sie etwa länger anhaltende Krankheitsphasen gewähren.

## FAZIT

Je vielseitiger und wertintensiver ein Kranker sein Leben mit Krankheit und trotz Krankheit gestaltet, indem er sich musisch betätigt, soziale Kontakte pflegt, sich weiterbildet und insgesamt „weltoffen" bleibt, desto weniger wird er zur Beute der Verzweiflung werden, wenn seine Krankheit fortschreiten sollte. Analoges gilt für andere Situationen der Bedrängnis. Freilich ist damit kein Sichverzetteln gemeint, sondern durchaus eine Konzentration auf Wesentliches. Aber das Wesentliche tritt uns nun einmal in zahlreichen Facetten entgegen. Es entstammt nicht einem irdischen Gut allein und es geht auch nicht mit einem solchen unter.

## 2. ... sondern lächle, dass sie gewesen

Der wohl auf den Lyriker *Ludwig Jacobowski (1868–1900)* zurückgehende Sinnspruch „Leuchtende Tage – weine nicht, dass sie vorüber, sondern lächle, dass sie gewesen" offenbart eine profunde Weisheit. Die Einsicht nämlich, dass aus der Vergangenheit nichts herausgenommen und schon gar nicht das „Leuchtende" in ihr rückwirkend verdunkelt werden kann. Oder wer wollte die Elternliebe, die er als Kind empfangen hat, ungeschehen machen? Wer wollte eine aufwendige Arbeit, die ihm gelungen ist, postwendend in eine misslungene verwandeln? Wer könnte einer Ehe, die 25 Jahre lang gehalten hat, auch nur einen Tag davon stehlen? Wer oder was könnte den Sinn zunichte machen, der in einem Menschenleben erfüllt worden ist?

Da alles Vergangene wahr bleibt, man könnte sogar sagen: ewig wahr bleibt, ruht auch das Beglückende und Geglückte aus der eigenen Lebensvergangenheit in der ewigen Wahrheit und ist dort vor jedem verändernden Zugriff geschützt – ein Grund, zu lächeln! Ein Grund, ihm nachzuweinen? Eher ein Grund, sich zu freuen, dass es überhaupt stattgefunden hat!

Diesen Gedanken zu Ende gedacht erkennen wir, dass die Klage und die Zufriedenheit merkwürdige Antipoden sind, je nachdem, wie wir ein- und dasselbe „Ding" betrachten. Jemand, der mit 16 Jahren weinend am Grab seiner zärtlich sorgenden Mutter gestanden ist, kann zeitlebens mit dem Schicksal hadern, dass es ihm die Mutter zu früh geraubt hat; er kann aber auch zeitlebens dem Schicksal dankbar sein, dass er in den entscheidenden Kindheitsjahren eine zärtlich sorgende Mutter gehabt hat. *Wahr* ist beides, die Wahl ist seine. Entsprechendes gilt für einen Menschen, der mit 50 Jahren unheilbar erkrankt. Auch er kann verbittert aufbegehren gegen die radikale Einschränkung seiner Lebenserwartung – oder zufrieden zurückschauen auf ein halbes Jahrhundert, in dem er vor ernsten Gefahren behütet gewesen ist. *Wahr* ist beides, und die Wahl ist wiederum seine.

*Frankl* hat eine therapeutische Methode zur Überwindung von Angststörungen entwickelt, bei der die übermäßige Furcht eines Patienten durch eine humorvolle Mobilisierung gegenläufig-irrationaler Wünsche beim Patienten kuriert wird. Ich erwähnte sie bereits unter dem Stichwort „Methode der Paradoxen Intention". Sie funktioniert, weil sich die Gefühle von Wunsch und Furcht gegenseitig hemmen. Beispielsweise ist es kaum möglich, sich extrem vor Mäusen zu fürchten und sich gleichzeitig sehnlichst ein Mäuschen zu wünschen. Die eine Gefühlsregung neutralisiert die andere.

In gewisser Parallelität dazu ist ein therapeutischer Ansatz denkbar, der das Klagen und Hadern leidgeprüfter Menschen, das ihre Seelen zusätzlich bedrückt, aufhebbar macht in der Erhellung, wie viele Gaben ihnen das Schicksal beschert hat: eine Erhellung, die ihre Seelen entlastet.

BEISPIEL

Eine meiner Schülerinnen arbeitete in einem Alten- und Pflegeheim. Dort lernte sie einen 70-jährigen beinamputierten Witwer kennen, der den ganzen Tag mit dem Gesicht zur Wand in seinem Rollstuhl hockte und schwieg. Mühsam gelang es ihr, sein Vertrauen zu erringen und ihn zum Sprechen zu bringen. In Etappen lud er seinen schweren Kummer bei ihr ab. Er sei ein starker Raucher gewesen und habe sich vor eineinhalb Jahren an einem eisigen Wintertag beim Radfahren ein (Raucher-)Bein abgefroren. Nach dem unseligen Versuch, es an der Heizung seines Wohnzimmers „aufzutauen", habe es ihm im Krankenhaus abgenommen werden müssen. Einbeinig in sein Haus zurückgekehrt, habe er sich nicht mehr zurechtgefunden, habe begonnen, exzessiv Alkohol zu konsumieren, habe sich nicht mehr gepflegt und sei mitsamt seinem Haus verkommen. Sein Bruder sei angereist und habe ihn mit einem unfairen Trick – einen gemeinsamen Ausflug ins Grüne vorgebend – in eine psychiatrische Anstalt eingeliefert. Dort habe man ihn zum Entzug gezwungen und danach in das Altenheim umgesiedelt. Er hasse alle: seinen gemeinen Bruder, der später noch hinterrücks sein Haus verkauft habe, die Ärzte, die ihm seinen einzigen Trost verboten haben, und die Pfleger im Heim, die ihn wie eine Holzpuppe waschen und anziehen, aber sonst kaum beachten würden. Er hasse alle …

In langen geduldigen Gesprächen offerierte meine Schülerin dem Witwer eine korrigierte Lebensinterpretation. Dafür sammelte sie zunächst „Gewesenes, über das er lächeln konnte". Seine (kinderlose) Ehe war friedlich und partnerschaftlich verlaufen. Seine Frau hatte fleißig gearbeitet, wodurch sich die beiden ein Häuschen hatten ersparen können. Nach dem Tod seiner Frau war ihm eine abwechslungsreiche Zeit geschenkt worden, in der er öfters mit einem geliehenen Wohnwagen „herumzigeunert" war, was ihm immenses Vergnügen bereitet hatte. Gewiss, diese Phase war durch die Amputation abrupt beendet worden. Doch um der Wahrheit willen musste jetzt genau hingeschaut werden: Was war geschehen? Sein Pech hatte er sich größtenteils selbst eingebrockt, mit Rauchen, Auftau-Versuch und Sich-gehen-Lassen. Aber stets hatte es Menschen gegeben, die ihn in seinem Pech aufgefangen hatten. Der Bruder hatte ihm – wenn auch per Trick – das Leben gerettet(!), als er zu verkommen drohte. Die Ärzte hatten ihm den Verstand gerettet(!), als er am Alkohol zu verblöden drohte. Die Pfleger würden bis heute seine Menschlichkeit retten(!), indem sie ihn sauber und adrett hielten. Das Geld aus dem Verkauf seines Hauses würde ihm bis zu seinem Tod einen angenehmen Lebensabend garantieren – mit Dach über dem Kopf, warmen Mahlzeiten, Elektro-Rollstuhl, ärztlicher Versorgung etc. Wenn er diese generösen Geschenke des Lebens nicht nutze, sondern in innerer Verbissenheit schweige und vor sich hinhasse, sei es seine Entscheidung …

Das langfristige Ergebnis dieser logotherapeutischen Gespräche war, dass der Witwer der Wand in seinem Zimmer den Rücken kehrte, an regelmäßiger Krankengymnastik teilnahm, geistig und körperlich beweglicher wurde und alsbald begann, munter im Altenheim „herumzuzigeunern", da und dort Mitbewohner über die neuesten Weltnachrichten informierend oder Fernsehfilme mit ihnen diskutierend. Jedenfalls bekam er die Beachtung, nach der er sich gesehnt hatte, und sein verblüffter Bruder bekam einen Versöhnungskuss, als er ihn wieder einmal – das Schlimmste erwartend – im Heim besuchte.

In der Praxis hat sich das Gleichnis vom „Gabentisch" bewährt, der, wie der gedeckte Tisch unter dem Weihnachtsbaum, bunte Päckchen für jeden bereithält, für Groß und Klein. Da liegt für den einen eine 16 Jahre dauernde mütterliche Fürsorge darauf und für den anderen ein halbes Jahrhundert stabile Gesundheit. Für einen Dritten ist vielleicht ein Sprachen- oder Basteltalent unter den Päckchen, und dem Vierten winkt eine treue Lebensgefährtin zu. Der Fünfte ist im sozialen Netz einer hochstehenden Zivilisation geborgen usw. Allerdings gibt es auch Geschenke, die *nicht* auf unserem Gabentisch liegen oder nicht in gewünschtem Umfang. Sie mögen auf fremden Tischen sichtbar sein, bloß auf dem eigenen suchen wir sie vergeblich. Es ist dann an uns, wie wir das „Fest der Menschwerdung" (um nochmals auf das Weihnachtsthema anzuspielen) feiern: mit Tränen in den Augen oder mit einem Lächeln auf den Lippen; mit dem irrigen Anspruch auf bestellbare und einklagbare Gaben, die nicht vorhanden sind, oder mit dankbarer Zufriedenheit, dass unser Tisch nicht leer ist.

## 3. Beugen vor dem Geheimnis

Das nachstehende Zitat von *Frankl* schließt an den vorherigen Gedankengang an, flicht aber eine zusätzliche Komponente hinein:

> *"Wenn ich einem Hund etwas zeige, mit dem Finger auf etwas weise, dann blickt er nicht in die Richtung, in die der Finger zeigt, sondern auf den Finger selbst; wenn er böse ist, schnappt er nach dem Finger. Mit einem Wort: Die Zeichenfunktion des Zeigens ist ihm unbekannt, ist in seiner Welt unverständlich.*
> *Und der Mensch? Aus seiner Welt heraus ist er ebenso außerstande, die Zeichen zu deuten, die aus der Überwelt heraus geschehen mögen, – den Sinn zu verstehen, auf den etwa das Leiden verweisen mag, – den Fingerzeig zu erfassen, den es ihm gibt: auch er schnappt nach dem Finger – er hadert mit dem Schicksal."*[16]

Die zusätzliche Komponente im Zitat betrifft das Unvermögen des Menschen, den Sinn einer Tragödie zu verstehen. Kein Mensch versteht, warum er körperliche oder seelische Schmerzen durchleiden muss, ja, warum es überhaupt Hunger, Not, Krieg, Katastrophen und Tod in der Welt gibt. Hätte der Schöpfungsentwurf nicht barmherziger ausfallen können? Eine provokante, wenngleich logische Frage, auf die uns keine Antwort zuteil wird. Wen verwundert es, dass in dieses Erklärungsvakuum höchst zweifelhafte und kritische Sinndeutungen hineinwuchern, wie etwa strafende Gottesbilder? Der Mensch versteht den Sinn des Leidens nicht und – Ende der Auskunft!

Eine gänzlich andere Frage ist es, ob dem Leiden *wirklich kein Sinn eignet*? Denn aus der Tatsache, dass wir keinen Sinn darin sehen, lässt sich noch lange nicht die Schlussfolgerung ableiten, dass kein solcher existiert. Mag es doch Milliarden Planeten und Milchstraßen im Universum geben, die wir ebenfalls nicht sehen können, nicht einmal mithilfe unserer stärksten Teleskope, und die dennoch existent sind. Das Vorhandene auf das Wahrgenommene zu beschränken, wäre (auch von der Logik her) eine unzulässige Reduktion. Es kann deshalb selbst in unabänderlichem tragischem Schicksal ein verhüllter Sinn stecken, von dem wir nichts ahnen, weil er über menschliches Fassungsvermögen hinausgeht: ein unvorstellbarer Sinn.

Zweierlei spricht dafür. Zum einen ist nichts in der Natur sinnlos, so wie wir es bisher überblicken können. Bei jedem kleinsten Detail, bei jedem Stängel, jedem Salzkörnchen und jedem Schneckenhaus hat sie sich etwas „gedacht" und ausgerechnet bei der Konzeption ihrer genialsten Wunder, bis hin zum „geistigen Leben", sollte ihr ein schrecklicher Fehler unterlaufen sein?

Zum anderen reicht der Begreifenshorizont jenes „geistigen Lebens" so weit, dass die Begreifensgrenzen noch mit eingeschlossen sind. Der Mensch kennt – im Unterschied zum Tier – seine Begrenztheit, womit er genau genommen auch ein Jenseits seiner Grenzen anerkennt, das *Frankl* im vorigen Zitat die „Überwelt" nannte:

*„Aus seiner Welt heraus ist er (der Mensch) außerstande, die Zeichen zu deuten, die aus der Überwelt heraus geschehen mögen ..."*

Was bedeutet dies konkret für einen Trauernden, einen Kranken, einen Todgeweihten? Dass es offenbar gilt, auf die provokante Warum-Frage zu verzichten und sich vor dem Geheimnis zu beugen.[17] Zu beugen im Vertrauen darauf, dass da ein Geheimnis *ist*, ein geheimer Sinn jenseits unseres Begreifens, der alles Durchlittene irgendwie „recht"fertigt, ins rechte Lot bringt, und wenn es noch so unannehmbar erscheint. Zu vertrauen darauf, dass der „Finger" mehr ist als ein „Finger", nämlich ein „Fingerzeig". Oder wie *Michelangelo Buonarotti* es ausgedrückt hat: „Gott hat uns nicht geschaffen, um uns zu verlassen."

## 4. Die letzte Aufgabe: ein Meisterwerk

Wir sind davon ausgegangen, dass sich fast jedes Leiden noch gestalten lässt. Und wenn wir schon darauf verzichten müssen, den Schleier, der über dem geheimen Sinn der Nachtseiten des Lebens ausgebreitet ist, zu lüften, so ist uns doch erlaubt, die Gestaltung dieser Nachtseiten selbst in sinnvoller Weise vorzunehmen. Es steht uns frei, Sinn *hineinzulegen* in etwas, aus dem wir desgleichen nicht *herauslesen* können.

Ein authentischer Bericht soll diese Möglichkeit aufzeigen, die es uns erlaubt, wenn es sein muss, noch eine letzte Aufgabe zu erwählen und meisterhaft zu vollenden, also bis zuletzt Sinn im Leben zu erfüllen. Es ist eine Möglichkeit und nicht mehr – aber eine, die den Abschied leichter macht und dasjenige, von dem wir uns verabschieden, in ein Licht taucht, das unauslöschlich ist.

## BERICHT

Im Zuge einer Weiterbildung für Mitarbeiterinnen in therapeutischen Wohngemeinschaften habe ich Ende des vorigen Jahrhunderts ein Hospiz für AIDS-Kranke in Sizilien besucht.

Die Bewohner des Hospizes waren vorwiegend junge Männer, die als Halbwüchsige von der Mafia oder auf anderen Wegen zur Drogensucht verführt worden waren und sich irgendwann dabei infiziert hatten. Durch ihre Drogen„karriere" bedingt waren ihre familiären und freundschaftlichen Beziehungen längst abgerissen. Viele von ihnen hatten zudem kriminelle Delikte begangen und waren in Gefängnissen eingesessen. Mit fortschreitender Krankheit hatten die Ärzte nichts mehr für sie tun können. Da die Kranken keinerlei Zuhause hatten, waren sie für die Endphase ins Hospiz verlegt worden.

Wer Erfahrungen mit AIDS-Patienten hat, weiß, dass in jener Zeit ihre Endphase außerordentlich schmerzhaft und (wegen permanenter Durchfälle) entwürdigend war. Die jungen Männer besaßen noch hübsche Gesichter, aber völlig ausgezehrte Leiber und wurden oft von Krämpfen geschüttelt. Das Entsetzlichste aber war ihre Hoffnungslosigkeit und Resignation, das passive Wartenmüssen auf den Tod, gegen den sie mit jeder Faser ihres Herzens rebellierten.

In dieser Situation starteten die Mitarbeiter des Hospizes, die logotherapeutisch ausgebildet waren, einen Modellversuch. Sie richteten unter der Leitung eines ortsansässigen russischen Künstlers eine gesponserte Ikonenmalwerkstätte ein. Jeder Kranke durfte die Größe der von ihm zu bemalenden Holzplatte bestimmen, je nachdem, wie viel Kraft er sich noch zutraute. Auch das Mal-Motiv durfte er frei wählen; es brauchte kein religiöses zu sein. Neben Engeln und Marienköpfen wurden sogar Landschaftsbilder ausgesucht, Szenen aus den Dörfern, in denen die Männer aufgewachsen waren – als ihre Welt noch heil gewesen ist.

Danach begann jeder, der wollte (und sie wollten alle!), seine Ikone zu malen. Er erhielt eine reguläre künstlerische Anleitung und bei Bedarf Stützen und Gestelle, um vom Bett aus malen zu können. Er lernte, die Farben sorgfältig zu mischen, hauchdünne Lackschichten aufzutragen, durch die die Maserungen des Holzes zart durchschimmerten, sowie Gold- und Silberauflagen einzustanzen. Trotz ihrer Schwäche malten die Kranken mit unglaublicher Hingabe und Selbstvergessenheit.

Jeder wurde überdies aufgefordert, seine Ikone einer Person zu widmen, die sie nach seinem Tode bekommen sollte. Zum Beispiel jemandem, den er einst geliebt hatte oder den er um Verzeihung zu bitten wünschte. Dabei ereignete sich manch Rührendes. Ein junger AIDS-Kranker widmete zum Beispiel die Ikone, an der er emsig arbeitete, seinem Vater, obwohl dieser Vater seit Jahren nichts mehr von seinem drogensüchtigen Sohn hatte wissen wollen. Andere widmeten ihre Ikone ihren Betreuern im Hospiz, bei denen sie sich für deren „letzte Hilfe" bedanken wollten; solche Ikonen erhielten einen Ehrenplatz im Korridor des Hauses.

Was war nun das Ergebnis des geschilderten Modellversuches nach zwölf Monaten? Es war ein Dreifaches:

1. Seit Einführung des Ikonenmalens waren – gegenüber früher – nur rund die Hälfte an Schmerzmitteln im Hospiz benötigt worden. Ein Beweis, dass die Kranken zeitweise ihre Schmerzen „vergessen" hatten.
2. Seit Einführung des Ikonenmalens waren die furchtbaren Todeskämpfe und -schreie ausgeblieben, die vorher das Haus

erschüttert hatten. Ein Beweis, dass die Kranken versöhnter sterben konnten.
3. Das Beeindruckendste aber war, dass während der zwölf Monate des Modellversuches *nicht einer gestorben ist, bevor er seine Ikone fertig gestellt hatte*. Ein Beweis, zu welch triumphalem Sieg der Geist über einen siechen Körper noch fähig ist.

Als Konsequenz dieser Ergebnisse ist allen Schwerkranken zu raten, nicht von der Todesnähe entmutigt aufzuhören, sinnvoll zu leben, sondern umgekehrt: gerade wegen der Todesnähe damit zu beginnen, ihr eigenes „Meisterwerk" zu schaffen, worin es auch bestehen mag. Sie werden die Zeit dafür haben.

# Wie man aus „Fallgruben" herauskommt

## Fallgrube Nr. 1 und Fallgrube Nr. 2

*Gerhard Pfohl,* Ordinarius am Medizinischen Institut der Technischen Universität München, hat in einem privaten Brief an mich sarkastisch angemerkt, dass die Klinische Psychologie im Großen und Ganzen mit zwei ladenhüterischen Rezepten operiere: mit „Seelenstocherei dessen, was der Mensch naturgewollt zu seinem Segen längst vergessen hat", und mit „der Verführung von Patienten, Reue so zu verstehen, dass sie auf die Brust eines anderen (meist der Eltern) zu klopfen hätten".

Als Klinische Psychologin durfte ich ihm versichern, dass unsere Fachdisziplin mittlerweile über dieses Stadium hinausgewachsen ist. Doch leider kursieren die beiden erwähnten Ladenhüter immer noch in der Volkspsychologie, was die „Verführten" unsensibel macht für ethische Zusammenhänge. Davor möchte ich anhand eines praktischen und eines theoretischen Beispiels warnen.

### DAS PRAKTISCHE BEISPIEL

Eine 30-jährige Frau hat keine positive Beziehung zu Männern. Trotzdem sehnt sie sich nach Familie und Mutterschaft. Sie erklärt das Scheitern ihrer bisherigen Männerbekanntschaften damit, dass ihr Vater eine sehr autoritäre Persönlichkeit gewesen sei. Er habe sie nie angehört, ihre Ideen ständig abgewürgt und ihr überall dreingeredet. Deswegen sei sie (unbewusst) gegen alle Männer misstrauisch geworden, fühle sich sofort von ihnen bevormundet und blocke engere Kontakte mit ihnen ab. Kurzum: Ihr Vater habe ihr durch seinen harten und kalten Erziehungsstil das Gelingen späterer Partnerschaften verdorben.

*Pfohl* würde dazu anmerken, dass wieder einmal an die falsche Brust geklopft wird; und er läge nicht ganz daneben. Das eingeschliffene Denk- und Verhaltensmuster dieser Frau stellt eine echte „Fallgrube" dar, in die sie hineingepurzelt ist. Angenommen, sie schätzt ihren Vater richtig ein (was keineswegs sicher ist, weil das Gedächtnis in der Rückschau vieles unproportional verzerrt), liegt es dennoch an ihr, inwieweit sie sich hinreißen lässt, ihre Vatererlebnisse auf andere Personen zu übertragen – auf Personen, die an ihren Kindheitserlebnissen unschuldig sind! – oder nicht. Sobald sie einem neuen Bekannten, der wahrlich nichts dafür kann, wie sie erzogen worden ist, mit grundsätzlichem Misstrauen und unpassender Abwehr begegnet, wird sie ihn als potenziellen Freund verlieren. Damit verdirbt sie sich selbst jede aufkeimende Partnerschaft. Sie meint, sie sei jemand, der Unangenehmes empfangen hat. Aber sie fügt nicht hinzu, dass sie jemand ist, der Unangenehmes austeilt ...

Die einzige Leiter, über die man aus solchen „Fallgruben" herausklettern kann, ist die *bewusste Übernahme der eigenen Verantwortung*. Der Mensch ist kein geistloser Apparat, der von unbewussten psychischen Kräften getrieben und geschoben wird. Zwar sind die genetischen und milieubedingten Vorprägungen der Seele gewaltig, doch bleiben stets beachtliche Restmöglichkeiten ausgespart, diese Gewalten fruchtbar umzulenken oder sich notfalls gegen sie zu stemmen. Und es dringt ein „Ruf" an den Menschen heran, was jeweils unter Aktivierung seiner Restmöglichkeiten *sein und werden soll*. Auf die Frau im Beispiel bezogen: der „Ruf", dass es anständige Männer in ihrer Begegnungssphäre gibt, die ihr Vertrauen verdienen würden – ein von ihr bewusst „vorgeschossenes" Vertrauen, bei dessen Realisierung sie vielleicht sogar ihr lang mitgeschlepptes chronisches Misstrauen endlich abstreifen könnte.

Populärpsychologisch wird häufig die Frage gestellt: „Wie kann der Mensch seine Schwächen überwinden, wenn er sie nicht kennt?" Bedauerlicherweise sitzen aber Mengen von Leuten in „Fallgruben", die ihre Schwächen ausgezeichnet kennen! Deshalb ist die Frage „Wie kann ein Mensch seine Schwächen überwinden, wenn er sie nicht kennt?" mit der ungemein spannenderen Frage zu überhöhen: „Womit soll er sie denn überwinden, wenn er seine Stärken nicht kennt?" Und es ist auf das Fragenpaar zu erwidern: Seht, unsere Stärken stammen nicht (wie unsere Schwächen) aus vergangenen Prägungen, sondern wachsen uns im Angefordert- und Zu-etwas-gerufen-Sein zu.

DAS THEORETISCHE BEISPIEL

Es gibt Menschen, die (fast) alles mit sich machen lassen. Sie sind schüchtern, begehren nicht auf, wehren sich nicht und setzen sich nicht durch, weil sie sich selbst für minderwertig und unfähig halten. Sie ducken sich vor jedem, der resolut auftritt. Auf solche Menschen kann man leicht Druck ausüben. Unter Druck „spuren" sie auch meistens, was bedeutet, dass sie tun, was man von ihnen will, wenn man es nur mit dem entsprechenden Nach*druck* verlangt.

Allerdings kommt es vor, dass sie mit zunehmendem Alter ihre Schüchternheit ablegen, weil ihnen der Druck seitens der Mitwelt unerträglich wird; dass sie also „aufmucken". Nicht selten fallen sie dann ins andere Extrem, brüllen zum Beispiel Kollegen an, setzen eigene Untergebene unter Druck und zeigen an ausgefallenen Überreaktionen, dass sie nie mehr bereit sind, sich zu ducken.

Dies sieht wie eine hoffnungsvolle Entwicklung aus, ist es aber nicht. Auch der „umgedrehte Spieß" ist ein Spieß. Ob man schüchtern ist oder andere Personen einzuschüchtern versucht, macht im Prinzip keinen großen Unterschied; es werden lediglich die Rollen in einem unheilvollen Spiel vertauscht. Wahre Weiterentwicklung verläuft nicht vom „Sich-alles-gefallen-Lassen" zum „aggressiven Aufmucken", sondern vom „Sich-alles-gefallen-Lassen" zum „sinnorientierten Handeln", nämlich zum Handeln, ob es anderen gefällt oder nicht, aber dennoch unter Berücksichtigung der Folgen für andere und unter Rücksichtnahme auf deren Wohlergehen.

Unzählige Vorkämpfer für das sogenannte Selbstbestimmungsrecht der Person (das natürlich existiert, wenngleich nicht unbegrenzt!) entsteigen jenem Kontingent an ehemals Schüchternen, die sich nichts mehr bieten lassen wollen, die sich emanzipieren und Eigenes verwirklichen wollen, egal, was es kostet. Vielleicht haben sie sich jahrelang unnötig von irgendwelchen Tyrannen beherrschen lassen und stolpern nun ins Gegenteil, werden selbst zu verkleideten Tyrannen und verbergen ihr Tyrannentum geschickt unter den Parolen des Selbstbestimmungsrechtes. Dabei vergessen sie, dass es immer noch die Diktatur ist, in der sie verfangen sind, unter der sie sich früher gebeugt haben und unter deren Beuge sie jetzt andere pressen. Ein demokratisches Miteinander ist nicht erlernt worden. Aus der „Fallgrube" des Zwingens oder Sich-gezwungen-Fühlens sind sie noch nicht heraus.

*Gottfried Küenzlen*, Theologe und Soziologe von der „Evangelischen Zentralstelle für Weltanschauungsfragen", hat in einem seiner Bücher den exemplarischen Bericht einer jungen Frau namens *Gilda Boysen* abgedruckt, die psychotherapeutisch auf Selbstbestimmung („Mehr Lust auf Frauen") und Selbsterlösung („Mein Wille geschehe!") getrimmt worden war. Sein bemerkenswerter Kommentar zu diesem Bericht schloss mit den Worten:

## KOMMENTAR

*„Es gibt Tendenzen der Humanistischen Psychologie, die sich christlich nicht mehr rezipieren lassen. Wo die Philosophie des ‚Do your own thing' zur lebensbestimmenden Praxis wird, wo Mitmensch und Mitwelt nur noch Spiegel zur eigenen Selbsterkenntnis und -verwirklichung sind, da regiert ein anderer Geist als der des Evangeliums. Und nicht um die ‚Reinhaltung' der Kirche von den ‚bösen' Einflüssen von außen geht es. Es geht um die Überzeugung, dass das Freiwerden auch von seelischem Leid, von den Lasten auch der eigenen Lebensgeschichte versperrt wird, wo ein Mensch immer nur wieder auf sich selbst zurückgeworfen wird …*

*Wie viel Hunger nach Leben begegnet uns in Gilda Boysens Reisebericht durch die Psychoszene! Wie viel Verstrickung und Verwirrung aber auch in das eigene Ich! Dies freilich trifft sicherlich nicht nur auf diese Szene zu, sondern auf den Hauptstrom unserer Kultur und letztlich doch auch auf uns alle. So gilt es für uns in Kirche und Gesellschaft, gerade in der heutigen geistigen und geistlichen Lage, den Glauben neu buchstabieren zu lernen, der weiß, dass der Mensch zu seinem gelingenden Leben der Gnade bedarf; es gilt unter den vielen Stimmen und Mächten der Zeit das Wort neu zu hören, das wir uns selbst nicht sagen können, das uns aber durch den geschenkt ist, der uns sagt: ‚Ich lebe und ihr sollt auch leben!'"*[18]

Erst wenn wir „das Wort, das wir uns nicht selbst sagen können" (den „Logos", den Sinn) in unsere Handlungsweisen mit einbeziehen, erklimmen wir eine Ebene, auf der wir uns weder blindlings den Worten und Befehlen anderer Menschen unterwerfen, noch vermeinen, unser eigenes Wort und unsere Willkür sei für uns und andere allein gültig.

## Fallgrube Nr. 3

Im Mozart-Jahr gedachten viele Menschen des Wunderknaben Amadeus. Es heißt, dass ihm manchmal beim Essen im Restaurant eine neue Melodie eingefallen sei und er sie in Ermangelung sonstiger Utensilien mit einem vom Kellner geliehenen Bleistift auf seine Papierserviette gekritzelt habe. Die Story ist durchaus glaubwürdig, denn fantasievolle Einfälle kommen ohne Vorankündigung und ohne sich an passende Gelegenheiten zu halten. Im Gegenteil, wenn man ihrer bedarf, sind sie oft spurlos verschwunden.

Selbstverständlich gleichen nicht alle fantasievollen Einfälle einem künstlerischen Funkenregen. Manche fallen dem Betroffenen eher wie ein Aschenregen auf das Haupt und färben seinen Gedankenhorizont düster ein. Dazu zählen fantasievolle Einfälle, die aus einer basalen und geradezu „untröstlichen"

Lebensangst geboren werden. Im psychotherapeutischen Gespräch hört man die verrücktesten Variationen davon; Ideen, wie sie kein Dichter reichhaltiger entwerfen könnte.

Zwangskranke Patienten etwa werden von Fantasien geplagt, sie könnten in einer Stunde geistiger Umnachtung kleine Kinder mit einem Küchenmesser aufspießen, wartende Passanten vor einen einfahrenden Schnellzug stoßen oder im Betschemel der Kirche urinieren – dies alles mit der fatalen Folge, dass sie sämtliche Messer aus ihrer Wohnung entfernen und Bahnhöfe wie Kirchen in weiten Bögen umrunden, um sich vor sich selbst zu schützen. Angstkranke Patienten wiederum quälen sich mit Horrorvisionen anderer Art herum. Bei ihnen steht nicht die Angst vor einer zu begehenden Untat im Vordergrund, sondern die Angst vor einer zu erleidenden Demütigung. In ihren Fantasien sehen sie sämtliche Peinlichkeiten der Welt auf sich vereint voraus, vernehmen sie das Hohn- und Spottgelächter ihrer Umgebung, sobald sie versagen, und glauben sich schon halb im Grabe liegen, wenn sich ihre Kehle vor Schrecken zuschnürt. Auch hier ist die Folge ein Stück „ungelebtes Leben". Wer allen negativen Eventualitäten ausweichen will, begibt sich nirgends mehr hin – er stagniert.

Fantasie ist das alles, sozusagen „Kino im Hirn"; sowohl die brandneue Melodie, die noch niemals erklungen ist, als auch die Schreckenserwartung an die Zukunft, die noch gar nicht eingetreten ist. Das Reservoir, aus dem die Fantasie schöpft, ist Tiefe und Höhe des Menschen, Krankheit und Gesundheit, Trauma und Talent. Aber in jedem Fall ist sie eines: *Anspruch*. Der fantasievolle Einfall spricht das Ich des Menschen an. Jeder Einfall, der sich dem Ich präsentiert, spricht: „Nimmst du mich ernst? Nimmst du mich auf? Nimmst du mich zu dir?"

Das ist der Augenblick, da die Spreu vom Weizen geschieden werden muss, und wehe dem Unglücklichen, der diesen Augenblick verpasst. Was wäre aus Mozart geworden, wenn er das Angesprochensein durch seine genialen musikalischen Einfälle nicht *ernst* genommen hätte? Wenn er, den Anspruch seiner Fantasie an ihn überhörend, das eine oder andere Mal ruhig weitergegessen und sich mit seiner Serviette lediglich den Mund abgewischt hätte? Kunstwerke wären der Nachwelt verloren gegangen! Was aber würde aus Angst- und Zwangskranken werden, wenn sie das Angesprochensein durch ihre Horrorvisionen *nicht* ernst nehmen würden? Wenn sie innerlich darüber stehend, ja, darüber lächelnd, sich vorsagen würden: „Ha, die Gespenster sind wieder los! Na, dann spielen wir: Wer fürchtet sich vorm schwarzen Mann?" Gesunde Menschen würden aus ihnen – nichts weniger. Ihre „Fallgruben" würden sich sprunghaft öffnen.

Worum es also geht, ist nicht so sehr der Inhalt unserer Fantasien, sondern das Wissen um jenes Angesprochensein durch eben diesen Inhalt. Ist es ein Inhalt, den wir bedenken sollen? Den wir konservieren sollen? Den es gilt, vor der Flüchtigkeit und Vergänglichkeit des zarten Gewebes aller Ideen zu retten, indem wir ihm einen Platz in der Realität zuordnen, vielleicht sogar einen Platz an unserer Seite? Oder ist es ein Inhalt, dessen Anspruch vermittelt, dass wir uns von ihm nicht blenden und nicht bluffen lassen dürfen, dass es ihn zu ironisieren oder zu ignorieren gilt, weil er null und nichtig ist, ein aufgeblähtes Angstgebilde und nicht mehr?

Die Fantasie des Menschen ist grenzenlos. Todesfantasien und Lebensfantasien wechseln in wilden Rhythmen. Wir sind von ihnen angefragt und angesprochen, und es ist unsere Entscheidung, ihnen das jeweilige Maß an Bedeutung zuzuordnen, das ihnen gebührt. Keine Weltuntergangsvision bringt ein Ich zum Verzagen, wenn es ihr standhält, – und keine Auferstehungsvision geht an einem Ich vorüber, wenn es ihr vertraut.

## Fallgrube Nr. 4

Häufig begründet ein Patient sein unausgewogenes Leben wie folgt: „Ich tue alles, um anderen Menschen zu gefallen und um ihre Anerkennung zu erringen. Wahrscheinlich kommt das daher, weil meine Eltern mich von jeher nur akzeptiert haben, wenn ich Leistung erbracht habe."

Mit dieser Aussage erweckt er spontanes Mitleid. „Armes Menschenkind", denkt man unwillkürlich. „Seine Eltern haben allerhand auf dem Gewissen!" Ob man damit richtig liegt, ist ungewiss. Patientenaussagen erzählen im Allgemeinen mehr über die Patienten als über ihre Mitmenschen; und die objektive historische Wahrheit verbleibt sowieso im Dunkeln. Zudem lehrt die Erfahrung, dass Beschuldigungen aus der Sicht der Beschuldigten höchst konträr interpretiert werden.

Was hingegen aus der obigen Patientenaussage eindeutig ableitbar ist, ist eine personeneigene Abhängigkeit von Anerkennung und Akzeptanz. Eine Abhängigkeit von Kindheit an. Schon als Kind hat sich der Patient offenbar „mit Leib und Seele verkauft" – für ein positives Feedback. Wäre er nicht so gierig danach gewesen, hätte er manche ihm (ungebührlich?) abverlangte Leistung eben verweigert und dabei riskiert, dass ihn die Eltern mit Liebesentzug strafen würden, vorausgesetzt, sie hätten es tatsächlich getan. Aber genau das wollte er nicht. So geriet er in das Dilemma, sich mittels Bravsein, Anpassung, Schulerfolgen usw. jene Zuwendung besorgen zu müssen, von der er abhängig war. Hunderte Kinder in ähnlicher Lage hätten da oder dort revoltiert und auf ihrem persönlichen Entwicklungstempo bestanden ... dieses eine tat es nicht.

Ich beabsichtige keinesfalls, Eltern von ihren Sünden reinzuwaschen. Lieblosigkeit und „bedingte Liebe" sind Kardinalfehler der Erziehung, die durch nichts zu rechtfertigen sind. Dennoch weiß ich aus unzähligen Diskussionen mit Heranwachsenden, dass der zu Erziehende das Ausmaß, in dem sich elterliche Kardinalfehler auf ihn auswirken, irgendwie mitsteuern kann. Deswegen gilt auch: Je abhängiger er sich macht, desto manipulierbarer wird er. Seine Schwäche nährt die Misslichkeit seines Erziehungsklimas, was an einem einfachen Beispiel demonstriert werden soll:

## HYPOTHETISCHES BEISPIEL

Nehmen wir an, eine Person X sei abhängig von meinem Lob. Mein Lob sei wie eine Droge für sie. Das bedeutet, dass ich die Person X nach meinem Willen dirigieren kann. Will ich, dass sie mit ihrem Nachbarn in Feindschaft lebt, brauche ich sie nur konsequent zu loben, sobald sie sich ihrem Nachbarn gegenüber schlecht benimmt. Da die Person X auf mein Lob „angewiesen" ist, wird sie sich zunehmend mit ihrem Nachbarn verkrachen. Ich kann also beliebig Feindschaft stiften, aber nur, weil es eine Person gibt, die um meines Lobes willen bereit ist, ihren Nachbarn zu attackieren. Würde die Person X im Unterschied dazu auf mein Lob verzichten und ihren Nachbarn in Ruhe lassen, könnte ich keine Feindschaft stiften.

Das Beispiel beweist, dass mein Fehlverhalten – die Stiftung von Feindschaft – wirkungslos verpuffen würde, träfe es nicht auf die innere Schwäche der Person X.

In der psychotherapeutischen Praxis haben wir es öfter mit solch einer Person X als mit ihren (einstigen?) Manipulatoren zu tun. Wie ist ihr zu helfen? Unser Mitleid dient ihr am allerwenigsten. Auch würde unsere Deutung, dass sie wegen der alten Verklinkung von zu erbringender Leistung und elterlicher Akzeptanz kein Gespür mehr für ihre eigenen Wünsche und Bedürfnisse habe, sie zu keiner größeren seelischen Freiheit geleiten. Letztlich wird sich eine solche erst einstellen, sobald die innere Abhängigkeit abgelegt wurde, das heißt, wenn sich die Person X nicht mehr zu sinnlosen Taten, absurden Strapazen und ungesunden Anpassungen verführen lässt, bloß um des Beifalls ihrer lieben Mitmenschen willen. Wenn sie sich nicht mehr der Gier beugt nach positivem Feedback, durch wen auch immer, sondern stattdessen tut, was vernünftig und richtig ist – vertretbar vor sich selbst. Exakt dazu ist sie zu ermutigen.

Man sieht: *Wer Wurzeln des Übels ausreißen will, muss sie im eigenen Garten suchen.* Und wer Eltern hatte, die ihn einzig und allein für Leistungen belohnt haben, muss sich einmal entscheiden für einen von zwei Wegen: entweder weiterhin im Joch fremder Wunschvorstellungen nach dem jeweils in Aussicht gestellten Lohn zu haschen oder aber unbekümmert um irgendwelche Belohnungen freiwillig zu „leisten", was seines ist. Paradoxerweise ist der zweite Weg der lohnenswertere, denn er ist der Weg zum Frieden mit sich selbst und dem Elternhaus. Wer sich als Kind nicht dafür entschieden hat, sollte es als Erwachsener tun.

## Fallgrube Nr. 5

Der „Fallgrube Nr. 4" benachbart gibt es noch eine fünfte, die jedes Trauma zu einem wahren Drama zuspitzt. Aus ihr herauszusprinten ist besonders schwierig. Deshalb empfiehlt sich dringend, ihr von vornherein auszuweichen.

Unter dem Fachausdruck „Trauma" versteht man eine erhebliche seelische Verletzung. Ähnlich den organischen Verletzungen verheilen und vernarben Traumen normalerweise mit der Zeit. Verheilen sie nicht gut, gleichen sie dünnhäutigen Wunden, die bei Gelegenheit wieder schmerzen und bluten. In diesem Fall muss darum gerungen werden, das erlittene Geschehen versöhnlich in den eigenen Werdegang zu integrieren und „trotzdem Ja zum Leben zu sagen" (berühmter Buchtitel von *Frankl*). Misslingt die Integration, kann sich ein Drama zusammenbrauen. Die traumatische Erfahrung nimmt dem Betroffenen ein Stück „Gegenwärtigsein" hinweg.

„Gegenwärtig" ist ein Mensch, wenn er ganz bei einer Sache oder einer Person weilt, und zwar mit voller geistiger Präsenz. Spricht er, ist er beim Inhalt seiner Rede; hört er zu, ist er bei seinem Gegenüber. Montiert er Autoreifen, ist er bei der Reifenmontage. Schwimmt er im See, ist er in seinem Bewegungsrhythmus; ruht er sich aus, herrscht Ruhe in ihm. Zumindest wäre dies die ideale Konstellation mit den bestmöglichen Ergebnissen jeder Unternehmung und jeder Unterlassung.

Viel umtriebiger, aber auch armseliger, leben Menschen, die innerlich nie ganz anwesend sind. Sie sprechen mit jemandem und schweifen gleichzeitig mit ihren Gedanken ab. Sie montieren Autoreifen und werden dabei von privaten Sorgen überrollt. Während sie schwimmen, sinnieren sie über vergangene oder zukünftige Ereignisse nach, und wenn sie sich ausruhen, verheddern sie sich in Grübeleien. Ständig büßen sie etwas von ihrer „Gegenwärtigkeit" ein, das heißt, sie stehen sich und der Welt eigentlich nur partiell zur Verfügung. Ein innerer Teil von ihnen ist einfach „nicht da" – mit der Folge, dass ihnen Fehler unterlaufen. Was halbherzig angepackt wird, wird auch nur halb erledigt.

Das Phänomen eingeschränkten „Gegenwärtigseins" hat verschiedene Ursachen. Eine Hauptursache ist zweifellos die massive *Reizüberflutung* und *Medienberieselung* in unserer Moderne, die selbst vor den Kinderzimmern nicht Halt macht und generell Kräftezerstreuung statt Kräftesammlung fördert. Eine zweite Hauptursache aber bilden jene traumatischen Erfahrungen, die (noch) nicht versöhnlich in die persönliche Geschichte integriert worden sind. Wieso das? Nun, jede Verletzung hat die Tendenz, die Aufmerksamkeit des (verletzten) Lebewesens auf sich zu lenken. Das ist ein sinnreicher Prozess, denn es sollen ja Schritte zur Gesundung unternommen werden. Bei seelischen Verletzungen kann sich diese Tendenz jedoch zu einer vollkommenen Okkupation der Gedanken und Empfindungen eines Menschen auswachsen, was den Genesungsvorgang eher unterbindet.

BEISPIEL

Einer Frau wird eines Tages von ihrem Freund kurzerhand eröffnet, dass er sich von ihr trennen und zu einer anderen Frau ziehen will. Sie ist verzweifelt, denn sie hängt sehr an ihm. Auch fühlt sie sich überrumpelt und wie „weggeworfen". Der Abschied tut ihr bitter weh.

Wie mag es mit ihr weitergehen? Monatelang wird sie sich mit der zerbrochenen Beziehung beschäftigen. Dies ist durchaus in Ordnung. Eine „Verdrängung" nach dem Muster, die

Freundschaft habe ihr ohnehin kaum etwas bedeutet, gliche einem unfruchtbaren Selbstbetrug. Nein, sie wird ehrlich trauern, wohl auch Zorn und Enttäuschung spüren und sich hundertmal fragen, was schiefgelaufen ist. Präzise Antwort darauf wird ihr niemand geben können.

Die Frau wird sich, wie gesagt, mit ihrem Verlust beschäftigen. Dabei kann es ihr allerdings passieren, dass sie in die „Fallgrube Nr. 5" stolpert, die unter dem „Blätterdach" einer (reaktiven) Depression lauert. Einmal hineingestolpert, wird sie von morgens bis abends, vom Aufstehen und Zähneputzen angefangen, über die täglichen Verrichtungen bis hin zum Essen des Abendbrotes über ihrem Schmerz „brüten". Wie in einem Schraubgewinde werden sich ihre Gedanken um den einstigen Freund drehen, um den untreuen Freund, um den angebeteten Freund, um den verdammten Freund, um ein leeres Leben ohne den Freund. Sie wird zunehmend an „Gegenwärtigsein" einbüßen und sich geistig entweder in der rosigen Erinnerung an die genossene Partnerschaft oder in der graugetönten Zukunft aufgezwungenen Single-Daseins befinden, aber jedenfalls nicht beim Zähneputzen, bei den täglichen Verrichtungen oder beim Abendbrot. Die Folge sind „tote Tage", halbe Sachen, routinemäßige Abläufe und erhöhte Risiken aller (auch gesundheitlicher) Art. Die Unachtsamkeit gegenüber dem Jetzt stellt schlechte Weichen für eine sowieso graugetönte Zukunft. In der Fachsprache würde man eine „Hyperreflexion des Problems" *(Frankl)* konstatieren, in der sich die Frau verfangen und eingesponnen hat.

Um derlei „Fallgruben" zu entrinnen, bedarf es des Wagemutes zum Loslassen, was nicht heißen soll, dass Trauer weggedrückt werden soll. Doch hat alles seine Zeit. Die Stunden des Weinens um den Geliebten sind wichtig. Und genauso sind die Stunden des Nicht-Weinens es wert, in voller Präsenz durchlebt und gestaltet zu werden. Sonst gehen sie als zusätzlicher Verlust verloren.

Auch wenn es hart anmuten mag: Man soll keinem Trauma gestatten, mehr Aufmerksamkeit zu beanspruchen, als ihm zukommt, sonst raubt es Zeit – und Zeit ist eine nicht-regenerierbare Ressource! Überdies heilt die Zeit Traumen, wenn die Traumen nicht vorher die Zeit geraubt haben, insbesondere die Gegenwart desjenigen, der eine traumatische Erfahrung gemacht hat. Solange er „gegenwärtig" bleibt, hat selbst die schlimmste Vergangenheit über ihn noch nicht gesiegt.

### AUS ALTEM WEISHEITSSCHATZ

Ich gehe die Straße entlang.
Da ist ein tiefes Loch im Gehsteig.
Ich falle hinein.
Ich bin verloren … Ich bin ohne Hoffnung.
Es ist nicht meine Schuld.
Es dauert endlos, wieder herauszukommen.

Ich gehe dieselbe Straße entlang.
Da ist ein tiefes Loch im Gehsteig.
Ich tue so, als sähe ich es nicht.
Ich falle wieder hinein.
Ich kann nicht glauben,
schon wieder am gleichen Ort zu sein.

Aber es ist nicht meine Schuld.
Immer noch dauert es sehr lange,
herauszukommen.

Ich gehe dieselbe Straße entlang.
Da ist ein tiefes Loch im Gehsteig.
Ich sehe es.
Ich falle immer noch hinein … aus Gewohnheit.
Meine Augen sind offen.
Ich weiß, wo ich bin.
Es ist meine eigene Schuld.
Ich komme sofort heraus.

Ich gehe dieselbe Straße entlang.
Da ist ein tiefes Loch im Gehsteig.
Ich gehe darum herum.
Ich gehe eine andere Straße.

*Portia Nelson*[19]

# Zwei Geschichten als Lehrmeister

## 1. Paradiesisches Paradox

Unter den vielen Widersprüchlichkeiten in der menschlichen Seele ist eine von brillanter Art. Sie kommt zum Zuge, wenn ein Mensch seinem Schicksal „widerspricht", indem er auf ein elendes Schicksal paradoxerweise kreativ, tapfer und erhaben reagiert. Seine paradoxe Reaktion vermag sogar eine Tragödie noch in einen Triumph zu verwandeln. Diese seltsame, kostbare Widerspruchskraft im Menschen, die *Frankl* die „Trotzmacht des Geistes" genannt hat, soll anhand einer authentischen Erzählung dargestellt werden, die wir dem Schweizer Schriftsteller *Jean Giono* verdanken.[20] Hier eine Kurzfassung seiner Erzählung:

*Die Geschichte klingt wie ein Märchen und ist doch wahr. Ein älterer Mann, im Süden Frankreichs, wohl schon über die 50. Sein einziger Sohn ist gestorben, dann auch seine Frau. Wofür soll er noch leben? Er verlässt seinen Bauernhof unten in einer fruchtbaren Ebene und zieht sich in die Einsamkeit zurück. Dort lebt er mit seinen Schafen und einem Hund.*

*Die wasserlose Gegend der Cevennen am Südrand der Alpen gleicht einer Wüste. Das nächste Dorf ist mehr als eine Tagesreise entfernt. Vier oder fünf verlassene Dörfer mit zerfallenen Häusern gibt es in dieser trostlosen Gegend. Die letzten Bewohner sind Köhler mit ihren Familien, die Holzkohle brennen. Das Klima ist rau, die Menschen sind zerstritten; wer kann, zieht weg, einige werden geistesgestört oder enden im Selbstmord.*

*Der alte Mann in der Einsamkeit erkennt, dass diese Landschaft ganz absterben wird, wenn hier keine – Bäume wachsen! So beschließt er, Abhilfe zu schaffen.*

*Immer wieder besorgt er sich einen großen Sack mit Eicheln. Diese untersucht er sorgfältig und scheidet alle beschädigten aus. Er prüft sehr genau; die kleinen und die mit leichten Rissen schei-*

det er ebenfalls aus. Erst wenn er hundert gute und kräftige Eicheln vor sich hat, hört er auf. Bevor er damit weggeht, legt er sie in einen Eimer mit Wasser, damit sie sich richtig vollsaugen. Schließlich nimmt er noch eine Eisenstange mit und zieht los. Die Herde Schafe in einer grasbewachsenen Mulde bleibt so lange in der Obhut seines Hundes.

An einer geeigneten Stelle fängt er an, den Eisenstab in die Erde zu stoßen. So macht er ein Loch und legt eine Eichel hinein, dann macht er es wieder zu. Auf diese Weise pflanzt er Eichen. 100.000 Eicheln in drei Jahren. Er hofft, dass von denen, die getrieben haben, 10.000 übrig bleiben. Bäume in einer Gegend, wo es vorher nichts gegeben hat. Und er hofft, dass Gott ihm noch so lange das Leben schenkt, bis er so viele Eichen gepflanzt hat, dass diese 10.000 nur wie ein Tropfen im Meer sein werden.

Er weiß nicht, wem die Gegend gehört. Es stört ihn nicht; mit Ausdauer verfolgt er seine Idee. Die Veränderung, die geschieht, geht so langsam vor sich, dass niemand das Werk dieses Menschen bemerkt. Es bleibt einfach unbeachtet; eine Laune der Natur, denken die Jäger und Förster. Eine derart beharrliche Selbstlosigkeit kann sich wohl auch niemand vorstellen. Schließlich wird der Wald behördlich geschützt. An drei Stellen ist ein wunderbarer junger Wald entstanden, elf Kilometer lang und drei Kilometer breit.

Der alte Mann gibt seine Schafe ab, bis auf vier, betreut stattdessen hundert Bienenstöcke. Unbeirrt widmet er sich seinem Werk, den Krieg beachtet er nicht. Die friedliche und regelmäßige Arbeit in der frischen Höhenluft, seine Genügsamkeit und Einfachheit schenken dem Greis eine Heiterkeit des Herzens und eine stabile Gesundheit. Ohne technische Hilfsmittel, nur mit seiner Hände Arbeit, gelingt es diesem ungebildeten Bauern, ein Werk zu schaffen, das Gottes würdig ist.

Zwischen 1910 und 1945 pflanzt dieser einsame Schäfer Hunderttausende Eichen, später Buchen, Ahorn, Birken, Erlen und Ebereschen.

Als Elzéard Bouffier, so heißt der Greis, 1947 im Alter von 89 Jahren stirbt, hat er einen der schönsten Wälder Frankreichs geschaffen.

*Aber es ist noch viel mehr geschehen. Unzählige Wurzeln halten den Regen fest, saugen das Wasser an. Die trockenen Bachbette sind wieder gefüllt. Es wachsen wieder Weiden, Wiesen und Blumen. Insekten und Vögel kehren zurück. Sogar die Luft verändert sich, sie führt mit sich den Duft der Blätter und Blumen und das leise Rauschen des Wassers.*

*Selbst in den Dörfern verändert sich alles. Ruinen werden weggeräumt, verfallene Mauern abgebrochen, neue Häuser gebaut. Junge Familien ziehen ein, Kinder spielen am Brunnen, Gemüse und Blumen wachsen in den Gärten. Alle haben wieder Lust am Leben. Die Menschen lachen wieder und haben Freude an den ländlichen Festen. An die 10.000 Menschen leben nun in den Dörfern und keiner davon weiß, wem das neue Glück zu verdanken ist, wer die ganze Atmosphäre geändert hat ...*

Jeder, der diese Geschichte erfährt, wird beeindruckt sein. Aber wird er auch die Paradoxie erfassen, auf der sie beruht? Führen wir eine logotherapeutische Analyse des Sachverhaltes durch.

Ein Bauer befindet sich in einer bestimmten Ausgangssituation. Er ist 50 Jahre alt, also nicht mehr der Jüngste. Er ist ungebildet, hat vermutlich als Kind wenig Gelegenheit zum Schulbesuch gehabt. Und er ist ein vom Schicksal Geschlagener, denn sein einziger Sohn und seine Frau sind tot. (Die Erzählung investiert nicht viele Worte in diese Familientragödie – vielleicht, weil alle Worte zu wenig wären, ihr subjektives Ausmaß zu beschreiben.) Allein und ohne Hoferben kann und will der Bauer seinen Bauernhof nicht mehr bewirtschaften. Er scheint sich auch nicht nach menschlicher Gesellschaft zu sehnen; der Schmerz sitzt wohl zu tief. Also löst er sein Hab und Gut auf und verkriecht sich wie ein wundes Tier mit ein paar Schafen und seinem Hund in der Einöde der Berge.

Bis hierher weisen die Umstände auf eine sich anbahnende Katastrophe hin. Ein Mensch ist in vorgerücktem Alter gescheitert. Was er geliebt hat, hat er verloren; was er aufgebaut hat, hat er verlassen, was er erhofft hat, ist zunichte geworden. „Wofür soll er noch leben?" – Das Leben insgesamt steht für ihn infrage. Würde er sich einen Strick besorgen und sich an einem Ast erhängen, würde man es ihm irgendwie nachempfinden können. Man würde sagen: „Ach, der arme Mann! Das Schicksal hat ihm böse mitgespielt. Es gab nichts mehr, worauf er sich hätte freuen können. Er sah keine Zukunft mehr ..." Die karge, dürre Landschaft, in die sich der Bauer flüchtet, spiegelt perfekt dessen seelische Stimmung wider: Trostlosigkeit.

Jetzt aber beginnt die Paradoxie. Und wie beginnt sie? *Giono* schreibt: „Der alte Mann ... *erkennt*, dass diese Landschaft ganz absterben wird ... *So beschließt* er, hier Abhilfe zu schaffen." Beginnt sie mit jener Erkenntnis? Nein, das tut sie nicht. Es ist klar, dass ein Bauer biologische Zusammenhänge in einer Landschaft erkennt; das ist sozusagen sein Metier, das einzige, wovon er wirklich etwas versteht. Doch hätte die bloße Erkenntnis leicht zu dem naheliegenden Gedanken führen können: „Na, dann soll sie halt absterben! Was kümmert das mich? Was mir lieb und teuer war, ist auch gestorben! Und schließlich gehört das Land nicht mir!" Nein, die Paradoxie beginnt nicht mit einer Erkenntnis, sondern mit einem Beschluss. Der Mann beschließt, Abhilfe zu schaffen. *Schreckliches hat er vom Leben empfangen, und Segensreiches ist er bereit, ans Leben zurückzugeben* – so einfach ist das, und so ungeheuerlich. Alles, was folgt, wächst auf dem Boden dieses Beschlusses.

Von da ab entwickelt sich statt einer Lebenstragödie ein Lebenstriumph. Das Werk des alternden, ungebildeten, technisch unausgerüsteten Bauern gedeiht. Zur Ursprungsparadoxie gesellen sich weitere. Ihm, dem es um nichts weniger als Lohn und Dank geht, wird zum Lohn und Dank eine „Heiterkeit des Herzens" und eine stabile Gesundheit geschenkt. Was könnte ein Mensch mehr bekommen? Er, der den Krieg nicht beachtet, darf seine Arbeit in Frieden zu Ende bringen. Er, der einst gefragt hat, wofür er überhaupt noch leben soll, darf die Antwort in blühend-duftender Anschaulichkeit erfahren. Ihm, dem es recht war, unbeachtet zu bleiben, wird rein zufällig ein schriftliches Denkmal gesetzt.[21]

Was bedeutet das alles in Bezug auf die Ursprungsparadoxie? Vielleicht dies: dass der Eingang zum Paradies exakt dort liegt, wo Vertreibung aus dem Paradies stattgefunden hat – vorausgesetzt, dass ein Beschluss gefällt wird, der dieses Eingangs würdig ist.

## 2. Drei Fragen und eine Legende

Faszinierend an der obigen Erzählung ist die in ihr erfolgte Bestätigung einer Grundannahme *Frankls*, wonach für jeden Menschen – und sei er mittellos, verbraucht, gehandicapt ... – jederzeit eine passende und beglückende Aufgabe bereitliegt, nämlich eine konkrete Möglichkeit, die Welt im Positiven zu verändern. Um diese jeweilige Aufgabe in ihrer Dringlichkeit, Exklusivität und selbstübersteigenden Ausrichtung zu charakterisieren, bezog sich *Frankl* manchmal auf ein altes Prophetenwort von *Hillel*: „Wenn nicht ich es tue – wer soll es tun? Wenn ich es nicht jetzt tue – wann soll ich es tun? Und wenn ich es nur für mich tue – was bin ich dann?"[22] Drei erschütternd aufwühlende Fragen!

Auf ähnliche Weise geleitete der russische Dichter *Leo Tolstoi* in seiner Legende „Drei Fragen" den sinnsuchenden Menschen in der Figur eines Königs an jene stets wechselnde und dennoch stets vorhandene Lebensaufgabe heran. Dieser im *Tolstoi*-Text (bzw. im *Hillel*-Zitat) aufblitzenden Lebens-Facette wollen wir uns zuletzt noch detailliert widmen:

*„Es war einmal ein König, der meinte, dass ihm nichts mehr misslingen könne, wenn er immer dreierlei wüsste: Erstens die Zeit, wann jedes Geschäft vorzunehmen sei, zweitens, mit welchen Menschen er sich abgeben solle und welche er zu meiden habe, und drittens –, als Hauptsache, welches von allen Geschäften das wichtigste sei. Er ließ in seinem Lande bekannt machen, dass er den reich beschenken wolle, der ihn dies lehren könnte."*

Die Frage nach dem wichtigsten Geschäft („Wenn nicht ich es tue ...?"), nach der wichtigsten Zeit („Wenn ich es nicht jetzt tue ...?") und nach der wichtigsten Person („Wenn ich es nur für mich tue ...?") sind in der Tat elementare Fragen des Gelingens oder Misslingens menschlicher Existenz. Wie lauten die gängigen Meinungen, die man vielerorts hört?

*„Es kamen gelehrte Männer zum König und antworteten auf seine Fragen gar verschieden.*

*Die erste Frage beantworteten die einen dahin, dass man die rechte Zeit für jedes Geschäft dann wisse, wenn man von vornherein einen Plan für alle Tage, Monate und Jahre festsetze und dies dann streng befolge."*

Der „Macher" glaubt, alles planen zu können. Er will über das Schicksal verfügen.

*„Andere sagten, man könne unmöglich im Voraus bestimmen, was zu jeder Zeit getan werden müsse. Man solle einfach immer tun, was zu tun nötig scheine.*

*Und andere sagten, es gäbe Fälle, wo sofort entschieden werden müsse, ob die rechte Zeit zu einem Unternehmen da sei oder nicht. Dies aber könne man eigentlich nur dann wissen, wenn einem im Voraus bekannt sei, was geschehen werde. Was wieder nur in der Macht der Zauberer stände. Diese müsse man fragen."*

Der „Fatalist" glaubt, nichts planen zu können. Nur Zauberer wüssten, was das Schicksal fügen werde. Zwischen dem „Macher" und dem „Fatalisten" rangiert der „Diplomat", der das Problem verschiebt: Man solle tun, was nötig scheint. Allein, der Schein kann trügen.

*„Ebenso verschieden lauteten die Antworten auf die zweite Frage. Die einen sagten, am nötigsten seien für den König die Minister und die übrigen Staatsmänner; die anderen sagten, die Priester seien ihm am nötigsten; noch andere nannten die Ärzte als die wichtigsten, und noch andere erklärten die Krieger für die allernötigsten."*

Bei der Frage nach der wichtigsten Person zeigt sich die Gefahr einer unzulässigen Ummünzung des Nötigkeitsbegriffs. Nötig ist demnach, wer einem nützt und dient. Ob Politiker, Priester, Arzt oder Krieger – wichtig ist jede dieser Personen für die Erhaltung des eigenen Egos. Unausgesprochen heißt das: Anderenfalls ist sie unwichtig.

*„Auf die dritte Frage, was der wichtigste Gegenstand sei, antworteten die einen, das Wichtigste in der Welt seien die Wissenschaften; andere behaupteten, das Wichtigste sei die Kriegskunst; noch anderen dünkte die Gottesverehrung das Wichtigste zu sein."*

Eine analog oberflächliche Betrachtungsweise zielt auch auf die Gegenstände der Welt ab. Deren Bedeutung hängt dann davon ab, was sie dem – planenden oder nicht planenden – Ego einbringen. Wissen, Macht und Glaube etwa stärken das Selbstbewusstsein und sind somit dem Selbst dienliche und nötige Wichtigkeiten.

*„Da alle Antworten verschieden lauteten, ließ der König keine gelten und gab niemandem die Belohnung. Er beschloss, einen alten Einsiedler zu befragen, der weithin im Rufe großer Weisheit stand."*

Der sinnsuchende Mensch kann sich mit den oberflächlichen Betrachtungsweisen nicht auf Dauer zufriedengeben. Er tastet mit geistigen Fühlern nach „mehr". Es muss „mehr" am Leben sein als die Erhaltung und Stärkung seiner selbst! Dieses „Mehr" präsentiert sich in *Tolstois* Legende als Weisheit des Einsiedlers.

*„Der Einsiedler lebte in einem Wald, verließ diesen niemals und nahm nur einfache Leute bei sich auf. Darum kleidete sich der König in ein schlichtes Gewand, ließ sein Gefolge halten, bevor er die Klausnerhütte erreicht hatte, stieg vom Pferde und begab sich allein zu dem Alten. Als der König anlangte, war der fromme Mann gerade damit beschäftigt, die Beete vor seiner Hütte umzugraben.*

*Sobald er den König bemerkte, begrüßte er ihn, fuhr aber in seiner Arbeit fort. Er war abgemagert und schwach, und während er den Spaten in den Boden stieß und kleine Schollen Erde heraushob, atmete er mühsam."*

Die Weisheit kennt die Kraft des Vorbildes, die der Kraft des Belehrens überlegen ist. Deshalb steht die Begegnung mit dem Einsiedler zunächst für die kommentarlose Konfrontation mit dem Gelingen menschlicher Existenz. Sie vermittelt Folgendes:

Der Einsiedler lebt einsam ... aus eigenen Quellen heraus. Er hat andere Personen nicht nötig, auf dass sie ihm nützlich seien.

Der Einsiedler verlässt den Wald niemals ... ist geborgen am Ort seines seelischen Friedens. Er jagt keiner irdischen Karriere nach.

Der Einsiedler empfängt nur einfache Leute ... ist nicht geblendet von Ruhm und Glanz. Was für ihn zählt, hat inneren Wert.

Um zu ihm zu gelangen, muss man sich verkleiden, der Äußerlichkeiten (des Gefolges) entledigen. Um aber in Weisheit wieder von ihm wegzugelangen, muss aus Verkleidung Echtheit werden, und das ist ein mühsamer Prozess. Er wird eingeleitet durch das Tun: Der Einsiedler gräbt Beete um, er bereitet den Boden für die Fruchtbarkeit einer tiefen Sinn-Erkenntnis vor, die, einem Samen gleich, hineinfallen soll.

*„Der König trat an ihn heran und bat ihn um Beantwortung der drei Fragen."*

Die Erkenntnis lässt – wie so oft – auf sich warten. Der „Sinn des Augenblicks" *(Frankl)* wird nicht verstanden. Der König aus der Legende nimmt in seiner Egozentrik die Schwäche des Alten nicht wahr, weil er völlig auf sein eigenes Anliegen fixiert ist.

*„Der Einsiedler hörte den König an, gab ihm aber keine Antwort, sondern spuckte in die Hände und fuhr fort, den Boden umzugraben."*

Die Weisheit greift, über das Vorbild hinausgehend, zu therapeutischen Maßnahmen. Die erste davon ist die Weckung von Hilfsbereitschaft in Selbstvergessenheit.

*"‚Du bist erschöpft', sagte der König, ‚gib her, ich will dir helfen.' ‚Ich danke dir', sagte der Einsiedler, reichte ihm den Spaten und setzte sich auf die Erde."*

Der Einsiedler dankt für den Samen, der die Erde erreicht hat. Aber noch will der Same nicht recht keimen.

*"Nachdem der König zwei Beete umgegraben hatte, unterbrach er seine Arbeit und wiederholte seine Frage. Der fromme Mann gab ihm keine Antwort, stand auf und streckte die Hand nach dem Spaten aus."*

Der nach Eigenvorteilen Fragende muss zum Befragt-Seienden zurückgeführt werden, zu einem, der versteht, dass ihn das Leben fragt – ungeachtet aller Verlockungen durch die Bequemlichkeit. Er muss erkennen, dass er auf die Fragen des Lebens selber zu antworten hat, in *Verantwortung*.

*"‚Nun ruhe dich aus und lass mich graben!', sagte er. Aber der König gab ihm den Spaten nicht und grub weiter. Eine Stunde verging, dann noch eine. Die Sonne verschwand schon hinter den Bäumen, als der König den Spaten in den Boden stieß und sprach: ‚Ich bin zu dir gekommen, weiser Mann, um Antwort auf meine Fragen zu holen. Wenn du diese mir nicht beantworten kannst, so sage es mir, und ich will wieder nach Hause gehen.'"*

Die Erkenntnis lässt weiterhin auf sich warten. Da greift die Weisheit zur zweiten therapeutischen Maßnahme, indem sie den Ruf, der von Stunde zu Stunde an uns ergeht, drastisch intensiviert.

*"‚Sieh, es kommt jemand gelaufen', sagte der Einsiedler. ‚Wir wollen sehen, wer es ist.'"*

Das, was auf uns zugelaufen kommt, ist das, was uns nötig hat!

*„Ein bärtiger Mann kam aus dem Walde gelaufen; er hielt sich den Leib mit den Händen, und das Blut strömte ihm unter den Fingern hervor. Vor den Füßen des Königs fiel er zu Boden, seine Augen schlossen sich, er regte sich nicht mehr und ließ nur ein leises Stöhnen hören."*

Es ist das, was uns „zufällt" in der Erwartung, dass wir es wahrnehmen, annehmen und hineinnehmen in die Vollendung der Welt.

*„Mithilfe des Einsiedlers entkleidete der König den Mann, wusch seine Wunde, so gut er konnte, und verband sie mit seinem Taschentuch und mit dem Handtuch des frommen Mannes."*

Mittlerweile geht der Same aus der ersten therapeutischen Maßnahme der Weisheit auf: Hilfsbereitschaft in Selbstvergessenheit wird wie selbstverständlich praktiziert, auch wenn der Einsiedler noch das Seine dazutut.

*„Endlich hörte die Wunde zu bluten auf. Der Verwundete kam zu sich und klagte über Durst. Der König holte frisches Wasser und gab ihm zu trinken."*

Der Same wächst, und alsbald muss niemand mehr etwas dazu tun: Der „Sinn des Augenblicks" wird erfüllt.

*„Die Sonne war nun ganz untergegangen. Es war recht kalt. Der König und der Einsiedler trugen den Verwundeten in die Hütte und legten ihn auf das Bett. Der Verwundete lag still, mit geschlossenen Augen. Der König aber, ermüdet von dem weiten Weg und der Arbeit, kauerte auf der Schwelle nieder. Bald sank er in tiefen Schlummer und verschlief die ganze kurze Sommernacht. Als er frühmorgens erwachte, konnte er lange nicht begreifen, wo er sich befand und wer dieser seltsame, bärtige Mann war, der auf dem Bette lag und ihn so unverwandt mit seinen glänzenden Augen betrachtete."*

Sinnerfüllung ist ein Ansporn zur Gesundung und Wandlung. Wie aus unbewussten Sphären dämmrigen Schlafs erwacht der sinnsuchende Mensch zu neuem Leben. Die oberflächliche Betrachtungsweise erlischt.

„‚Verzeihe mir', sagte der Verwundete nach einer Weile mit schwacher Stimme.
‚Ich kenne dich nicht und habe dir nichts zu verzeihen', meinte der König."

Sinn und Widersinn breiten sich als einzig wesentliches Kriterium vor den staunenden Augen des Erwachten aus.

„‚Du kennst mich nicht, aber ich kenne dich. Du hast meinen Bruder hinrichten, meine Güter einziehen lassen. Ich bin dein Feind und hatte geschworen, mich an dir zu rächen. Ich wusste, dass du allein zum Einsiedler gegangen warst und wollte dich auf dem Rückweg töten. Doch ein ganzer Tag verging und du kamst immer noch nicht. Da verließ ich mein Versteck, um zu erspähen, wo du seiest, und stieß dabei auf dein Gefolge. Sie haben mich erkannt und verwundet. Ich bin ihnen entkommen.'"

Ungeahnte Zusammenhänge offenbaren sich im Licht des neuen Kriteriums. Schuld, Hass, Leid, Gefahr gleiten wie in einem dunklen Fluss der Erinnerung und Läuterung am Erwachten vorbei.

„‚Ich wollte dich töten. Du aber hast mir das Leben gerettet. Jetzt will ich dir wie der treueste Sklave dienen. Und auch meine Söhne sollen es tun. Verzeihe mir!'"

Im flackernden Widerschein erfüllten Sinns mündet alles ein ins Meer der Liebe.

„Der König freute sich sehr, so den Feind zum Freunde gewonnen zu haben; er verzieh ihm nicht nur, sondern versprach ihm auch, *seine Güter zurückzugeben. Auch werde er ihm seine Diener und seinen Arzt schicken."*

Der Same der zweiten therapeutischen Maßnahme der Weisheit sprießt rasch empor: Zur Hilfsbereitschaft in Selbstvergessenheit gesellen sich Freude, Güte und Gnade.

*„Dann trat er hinaus in den Garten. Seine Augen suchten den Einsiedler. Noch ein letztes Mal vor dem Abschied wollte er ihn um Beantwortung seiner Fragen bitten."*

Die höchste Erkenntnisstufe ist noch nicht erklommen.

*„Der Fromme kniete draußen in seinen Beeten und steckte Samenkörner in den Boden."*

Es bedarf einer dritten therapeutischen Maßnahme, um das Höchste an menschlich erfassbarer Weisheit zu enthüllen.

*„Der König näherte sich ihm und sprach: ‚Zum letzten Male bitte ich dich, weiser Mann, antworte mir auf meine Fragen.'"*

Einzig wenn sich der Auftrag zur Sinnerfüllung im Bewusstsein mit abbildet, kann auch eine Annäherung an den menschlich nicht mehr fassbaren – nur glaubbaren – „Auftraggeber" erfolgen.

*„‚Aber du hast ja schon eine Antwort erhalten', sprach der Einsiedler, während er, auf seinen mageren Beinen hockend, von unten her zu dem vor ihm stehenden König emporblickte."*

Die Antwort, die wir *erhalten,* ist der Auftrag. Die Antwort, die wir *geben,* ist – sofern sie stimmig sein soll – unser Einverständnis.

*„‚Höre – hättest du gestern mit mir schwachem Manne kein Mitleid gehabt, hättest du nicht für mich diese Beete umgegraben, son-*

*dern allein den Rückweg angetreten, so hätte dich dieser starke, dir feindlich gesinnte Mann angegriffen, und du müsstest bereuen, nicht bei mir geblieben zu sein."'*

Die dritte therapeutische Maßnahme der Weisheit erzählt die Geschichte dessen nach, der dem Auftrag gehorcht: Es ist die Geschichte seiner Rettung. Wer anderen hilft, hilft sich selbst.

*„,Folglich war es für dich gerade die richtige Zeit, die Beete umzugraben, und ich war für dich der wichtigste Mensch. Das wichtigste Geschäft war für dich, mir Gutes zu erweisen."'*

Aber er muss in Aktion treten, wenn es Zeit ist, und er muss diejenige Aktion setzen, die in dieser Situation für die daran beteiligten Menschen die beste ist. Der allgemeine Wert des sinnvollen Dienstes an einer Sache oder Person konkretisiert sich im Hier und Jetzt.

*„,Und später, als jener gelaufen kam, war es gerade die richtige Zeit, ihn zu pflegen. Sonst wäre er gestorben, ohne sich mit dir auszusöhnen. Folglich war er der wichtigste Mensch und das, was du ihm getan hast, das wichtigste Geschäft."'*

Die Geschichte dessen, der dem Auftrag gehorcht, ist – siehe da! – nicht bloß die Geschichte seiner eigenen Rettung. In der Legende hat der König die Entfeindung seines Todfeindes mitgerettet. Er hat etwas (wieder)gutgemacht in der Welt, ob bei sich, ob beim anderen, er hat Heilung bewirkt.

*„,Merke dir also, dass es nur eine ganz allein wichtige Zeit gibt, die man wahrzunehmen hat: die Gegenwart. Sie ist deshalb am wichtigsten, weil wir eben nur im Augenblick über uns selbst verfügen."'*

Menschliche Existenz ist zwar riskierte und gefährdete Existenz, aber sie kann nicht total misslingen, solange uns bewusst bleibt, dass jeder Augenblick des Lebens „heilungsträchtig" ist. Und hätte ein Mensch noch so oft und viel gefehlt, er könnte sich durch einen Akt der Liebe retten – im Augenblick. In dem einen, über den er verfügt: dem gegenwärtigen.

*„Der wichtigste Mensch aber ist der, mit dem uns gerade zurzeit das Schicksal zusammenführt, weil wir nie wissen können, ob wir noch mit einem anderen Menschen je zu tun haben werden. Und das wichtigste Geschäft ist: diesem Menschen Gutes zu erweisen. Denn einzig und allein zu diesem Zwecke ist der Mensch ins Leben gesandt worden.'"*

Warten wir deswegen nicht darauf, dass uns Gutes erwiesen wird. Die funkelndste unter allen Facetten sinnvollen Lebens ist das (Ge-)Wissen, dass einer auf uns wartet: Der, mit dem das Schicksal uns jeweils zusammenführt. Die höchste Wahrheit ist, dass wir Gesandte sind, diesem einen zu erweisen, was wir für uns erhoffen.

# Anmerkungen und Quellennachweise

1 Viktor E. Frankl, Der Mensch vor der Frage nach dem Sinn, Piper, München, 9. Aufl. 1997, S. 101–102
2 Viktor E. Frankl, Der unbedingte Mensch, Deuticke, Wien, 1949 (vergr.)
3 Viktor E. Frankl, Der unbewusste Gott, Kösel, München, 7. Aufl. 1988, S. 64
4 Reinhard Tausch & A. Tausch, Gesprächspsychotherapie, Hogrefe, Göttingen, 9. Aufl. 1990 (Ergänzungskapitel)
5 Viktor E. Frankl, Der Mensch vor der Frage nach dem Sinn, Piper, München, 9. Aufl. 1997, S. 234
6 Stephan R. Covey, The 7 Habits of Highly Effective People, Simon & Schuster, New York, 1992
7 Leonard A. Sagan, Die Gesundheit der Nationen, Rowohlt, Hamburg, 1992
8 Reinhard Tausch, Vergeben als bedeutsamer seelischer Vorgang, Zeitschrift Logotherapie und Existenzanalyse, Bremen, Heft 1/1992
9 „Brief vom 21.2.1930", aus: Hermann Hesse, Lektüre für Minuten. Gedanken aus seinen Büchern und Schriften. Ausgewählt und zusammengestellt von Volker Michels. © Suhrkamp Verlag Frankfurt am Main 1971
10 Christoph Riedel, Gedanken – sie können Gebete sein, Auer, Donauwörth, 1975
11 Viktor E. Frankl, ... trotzdem Ja zum Leben sagen. Ein Psychologe erlebt das Konzentrationslager, dtv, München, 18. Aufl. 1999, S. 79
12 Viktor E. Frankl, ... trotzdem Ja zum Leben sagen. Ein Psychologe erlebt das Konzentrationslager, dtv, München, 18. Aufl. 1999, S. 143
13 Zenta Maurina, Welteinheit und die Aufgabe des Einzelnen, Maximilian Dietrich, Memmingen, 1978
14 Viktor E. Frankl, Ärztliche Seelsorge, Deuticke, Wien, 10. Aufl. 1982, S. 92
15 Viktor E. Frankl, Der leidende Mensch, Piper, München, 1990, S. 359/360
16 Viktor E. Frankl, Der leidende Mensch, Piper, München, 1990, S. 384
17 Viktor E. Frankl, Logotherapie und Existenzanalyse, PVU, Weinheim, 3. Aufl. 1998, S. 138

18 Gottfried Küenzlen, Im Sog der Psychoszene, Frankfurt, 1988. © beim Verfasser
19 Aus: Sogyal Rinpoche, Das tibetische Buch vom Leben und vom Sterben. Ein Schlüssel zum tieferen Verständnis von Leben und Tod. Mit einem Vorwort des Dalai Lama. Aus dem Englischen übersetzt von Thomas Geist und Karin Behrendt, Droemer Knaur, München, 2010
20 Jean Giono, Der Mann mit den Bäumen, Flamberg, Zürich, 1956, nacherzählt von P. Alois Haslbauer, auch enthalten in der Kurzgeschichten-Sammlung von Willi Hoffsümmer
21 Der Schriftsteller Jean Giono hat sich (nach eigenen Angaben) in den französischen Bergen verlaufen, in Elzéard Bouffiers Hütte übernachtet und dabei die Story gehört.
22 Hillel lebte um 360 n. Chr. in Jawne. Von ihm wurde u. a. der astronomisch errechnete und festgelegte jüdische Kalender eingeführt.

Leider war es nicht in allen Fällen möglich, den Rechteinhaber ausfindig zu machen. Entsprechende Hinweise nimmt der Verlag gerne entgegen. Rechtsansprüche bleiben gewahrt.

# Die Autorin und ihr Werk

Elisabeth Lukas, geboren 1942 in Wien, ist Schülerin von Prof. Dr. Dr. Viktor E. Frankl. Als Klinische Psychologin und approbierte Psychotherapeutin spezialisierte sie sich auf die praktische Anwendung der Logotherapie, die sie methodisch weiterentwickelte. Nach 13-jähriger Tätigkeit in Erziehungs-, Familien- und Lebensberatungsstellen (neun Jahre davon in leitender Position) übernahm sie 1986 die fachliche Leitung des von ihr und ihrem Ehemann gegründeten „Süddeutschen Instituts für Logotherapie GmbH" in Fürstenfeldbruck bei München, die sie 17 Jahre lang innehatte. Nach ihrer Rückkehr in die Heimat arbeitete sie fünf Jahre lang weiterhin als Hochschuldozentin (zuletzt als Lehrbeauftragte der Donau-Universität Krems) und war danach noch drei Jahre lang als Lehrtherapeutin und Supervisorin beim österreichischen Logotherapie-Ausbildungsinstitut ABILE tätig.

Vorträge und Vorlesungen auf Einladung von mehr als 50 Universitäten (darunter länger andauernde Lehraufträge an den Universitäten München, Innsbruck und Wien) sowie Publikationen in 17 Sprachen machten sie international bekannt. Ihr Werk ist mit der Ehrenmedaille der Santa Clara University in Kalifornien für „outstanding contributions in counseling psychology to the world community" und mit dem großen Preis des Viktor-Frankl-Fonds der Stadt Wien ausgezeichnet worden.

Von Elisabeth Lukas sind seit den 1980er-Jahren – inklusive der fremdsprachigen Übersetzungen – 113 Bücher erschienen. Ein Teil davon ist bereits vergriffen.

In der nachstehenden Liste sind ihre derzeit im Buchhandel bzw. online erhältlichen deutschsprachigen Bücher zusammengestellt:

„Alles fügt sich und erfüllt sich. Logotherapie in der späten Lebensphase", Profil, München, erw. Neuauflage 2010

„Auf dass es dir wohl ergehe. Lebenskunst fürs ganze Jahr", Kösel, München, 2006

„Auf den Stufen des Lebens. Aus dem Erfahrungsschatz einer Psychologin", E-Book, Satzweiss.com Print Web Software GmbH, Saarbrücken, 2011

„Aus Krisen gestärkt hervorgehen", Verlagsgemeinschaft topos plus, Kevelaer, 2013

„Binde deinen Karren an einen Stern. Was uns im Leben weiterbringt", Neue Stadt, München, 2. Auflage 2013 (auch als E-Book)

„Burnout adé! Engagiert und couragiert leben ohne Stress", Profil, München, 2012 (auch als E-Book)

„Dein Leben ist deine Chance. Anregungen zu einer sinnvollen Lebensgestaltung", Neue Stadt, München, 3. Auflage 2012 (auch als E-Book)

„Den ersten Schritt tun. Konflikte lösen – Frieden schaffen", Kösel, München, 2008 (auch als E-Book)

„Der Freude auf der Spur. Sieben Schritte, um die Seele fit zu halten", Neue Stadt, München, 2. Auflage 2010 (auch als E-Book)

„Der Schlüssel zu einem sinnvollen Leben. Die Höhenpsychologie Viktor E. Frankls", Kösel, München, 2011 (auch als E-Book)

„Der Seele Heimat ist der Sinn. Logotherapie in Gleichnissen von Viktor E. Frankl", Kösel, München, 5. Auflage 2011

„Die Kunst der Wertschätzung. Kinder ins Leben begleiten", Neue Stadt, München, 2013

„Familienglück. Verstehen – Annehmen – Lieben", Verlagsgemeinschaft topos plus, Kevelaer, 2012

„Freiheit und Geborgenheit. Süchten entrinnen, Urvertrauen gewinnen", Profil, München, 3. Auflage 2012

„Für dich. Heilende Geschichten der Liebe", E-Book, Random House, München, 2011

„Heute ist der erste Tag vom Rest deines Lebens. Schritte zu einer erfüllten Existenz", E-Book, Satzweiss.com Print Web Software GmbH, Saarbrücken, 2012

„In der Trauer lebt die Liebe weiter" mit Fotos von Rita Briese, Kösel, München, 7. Auflage 2012

„Konzentration und Stille. Logotherapie bei Tinnitus und chronischen Krankheiten" mit einem Beitrag von Helmut Schaaf, Profil, München, 3. Auflage 2005

„Lebensstil und Wohlbefinden. Seelisch gesund bleiben – Anregungen aus der Logotherapie", Profil, München, erw. 3. Auflage 2010

„Lehrbuch der Logotherapie. Menschenbild und Methoden", Profil, München, erw. 3. Auflage 2006

„Quellen sinnvollen Lebens. Woraus wir Kraft schöpfen können", Neue Stadt, München, 2014

„Sehnsucht nach Sinn. Logotherapeutische Antworten auf existentielle Fragen", Profil, München, 3. Auflage 2004

„Spannendes Leben. In der Spannung zwischen Sein und Sollen – ein Logotherapiebuch", Profil, München, 4. Auflage 2014

„Verlust und Gewinn. Logotherapie bei Beziehungskrisen und Abschiedsschmerz", Profil, München, erw. 2. Auflage 2007

„Viktor E. Frankl. Arzt und Philosoph", Profil, München, 2005

„Vom Sinn getragen. Ein Leben für die Logotherapie", Kösel, München, 2012 (auch als E-Book)

„Was das Leben wertvoll macht. Impulse einer spirituellen Psychologie", Verlagsgemeinschaft topos plus, Kevelaer, 2014

„Wertfülle und Lebensfreude. Logotherapie bei Depressionen und Sinnkrisen", Profil, München, erw. 4. Auflage 2011

21 CDs mit Vorträgen von Elisabeth Lukas können beim AUDITORIUM NETZWERK, Verlag für Audio-visuelle Medien (Hebelstraße 47, D-79379 Müllheim/Schwarzwald), erworben werden.

CD „Ermutigungen für die Zukunft", erhältlich über www.elisabeth-lukas-archiv.de

Von derselben Autorin erschienen bei

**topos** taschenbücher

Elisabeth Lukas
# Familienglück
Verstehen – Annehmen – Lieben

192 Seiten

topos taschenbuch 812
ISBN 978-3-8367-0812-8

www.toposplus.de